Antoni Casals Sans

EXISTENCIA Y ÉTICA ORIGINAL

Ideas sobre causalidad empírica y los fundamentos físicos de la ética en el *cara-a-cara* de Emmanuel Lévinas

NEWTON
PUBLICACIONES

A la meva amiga Pilar Montero! Record afectuós, Feliç Sant Jordi 2024.

Antoni Casals Sans

EXISTENCIA Y ÉTICA ORIGINAL

Ideas sobre causalidad empírica y los fundamentos físicos de la ética en el *cara-a-cara* de Emmanuel Lévinas

NEWTON
PUBLICACIONES

www.edicionesnewton.com

texto

© ANTONI CASALS SANS

edita

© EDICIONES NEWTON

ilustración de cubierta

© AINA ZAMORA CASALS

impresión

LIBERDIGITAL (CASARRUBUELOS, MADRID)

ISBN: 978-84-943430-4-9 D. L.: AS 01221-2024 IMPRESO EN ESPAÑA

A Edu, Cris, Lluís y Jordi.

AGRADECIMIENTOS

En la redacción de este libro he recibido buenos consejos. Quiero agradecer a los doctores: Anna Marco, que me ofreció su visión sobre la redacción del libro; Gabriel Bello quien me dio su opinión sobre el fondo y estructura del ensayo; Jaume Brufau, que me mantuvo en la firmeza de finalizar el ensayo, *amicitiae pignore,* al cielo donde esté envío el reconocimiento, y a Norbert Bilbeny, que leyó todo el ensayo, me consta, haciéndome críticas y dándome consejos. A todos ellos muchas gracias.

ÍNDICE

INTRODUCCIÓN

Quisiera indicar que este trabajo no es por su contenido una teoría de la realidad, aunque en algunos tratados de filosofía (Johannes Hessen 1949) la teoría de la realidad sea comprensiva y abarque todo el complejo filosófico derivado de conceptos muy extensos tales como ontología, metafísica y teoría de la concepción del mundo. Si hago referencia a la palabra realidad me estoy refiriendo a mi visión del objeto de estudio según cada contexto, o en otros casos a la teoría realista concreta, o, a visiones de la realidad observadas a través de la historia del conocimiento o de la filosofía, pero en ningún caso se pretende un tratado sistemático sino la simple aportación de ideas.

En el presente ensayo se describe una visión de dos elementos sonsacados del universo, como son la fuerza que impera por doquier en todo lo que es energía y materia, con su versión de violencia humana, y su opositor binario, la fragilidad ética como amor o bondad, descrita como *pasividad más pasiva que toda pasividad* por el filósofo Emmanuel Lévinas. Desde la primera fuerza científicamente conocida como la gran Explosión, la Singularidad universal con su inmensa evolución de 13 800 millones de años hasta la aparición de la ética en la sociedad inteligente en el minúsculo planeta Tierra, hay un gran recorrido cósmico, pero quizás también hay una trazabilidad. Nuestra sociedad "inteligente", la humana, es la primera especie conocida capaz de autodestruirse anulando la biósfera habitable con la fuerza de sus egoísmos individuales. Y la ética, en estas circunstancias, es el giro contingente de la libertad entregada por el cosmos para evitar la autodestrucción. La descripción evolutiva de dicha afirmación es lo que trata el libro con algunas ideas.

La obra se compone de tres partes, una primera ajena pero relacionada al contenido filosófico del ensayo, concerniente a la descripción de algunos conocimientos científicos divulgados sobre la realidad física y química universal a partir de la teoría del *Big Bang*, que se acoge como hipótesis plausible, la formación de las galaxias y estrellas, y la formación biológica de la vida, siguiendo el hilo conductor de la fuerza o energía que ha propiciado todos los cambios y movimientos.

Esta primera parte es un resumen de las divulgaciones científicas de los autores que se citan, en especial de Joan Anton Català, Edward Orozco y Antonio y Eduardo Acín, cuyo mérito a ellos corresponde. Podría no estar incluida en el presente ensayo, tanto por no pertenecer al núcleo filosófico original, como por tratarse de conocimientos físicos, químicos o biológicos, conocidos por muchos lectores, y, en especial, por los lectores procedentes de las ramas científicas de referencia. Pero, a pesar de ello he decidido mantener dicha parte como introducción por cuanto la posterior reflexión filosófica, social y ética propia del ensayo se nutre del hilo conductor de la física, en tal forma que no sería plausible la comprensión del fenómeno ético sin la física como convergencia en el presente trabajo.

La segunda parte se centra en la subjetividad, y más concretamente, en la investigación del *yo* de la vida como *animus essendi*, desde el secreto bioquímico de la primera realidad vital hasta la evolución y filogénesis del *yo* en el animal racional, con toda la complejidad que la conciencia inteligente representa en orden a la voluntad y libertad. Finalizando con unas breves consideraciones sobre una visión evolutiva del principio de causalidad en la construcción lógica inteligente.

En la tercera parte, dentro de un contexto social, se analizan las funciones intersubjetivas de la ética y su especial valor como libertad, lo cual deviene de trascendencia vital ante la posible autodestrucción de la humanidad por los egoísmos heredados, finalizando dicho apartado con el análisis de los fundamentos físicos de la ética de la bondad en general y en particular de la ética de Emmanuel Lévinas, despejando en parte la dicotomía entre fuerza de la materialidad y espiritualidad ética.

Capítulo I
Preámbulo a una visión universal

1. El propósito en una descripción realista empírica

Una de las dificultades en la teoría de la realidad como descripción de lo exterior al *yo*, que posteriormente fue ampliándose a partir de la ontología, consiste en hallar el enfoque básico que otorguemos al sentido de la realidad observada, lo cual obedece a los diferentes puntos de vista que puede utilizar el ser racional a través de sus sentidos, emociones e inteligencia ante el todo universal desde el rincón de perspectiva en que observemos. El sentido, dicho en términos generales, es pues la capacidad de entender algo mediante la inferencia inteligente, y su función está en relación al objeto de observación, pero difiere según los contextos.

Así, en astronomía puede significar la posición de los cuerpos celestes; en el ámbito químico la propiedad específica de las sustancias; físicamente el sentido puede hacer referencia a la fuerza de los objetos considerados, o en el contexto de la teoría de la de la causalidad el sentido puede ser la luz lógica percibida tras el suceso, etc.

Pero, en el ámbito filosófico con sus diversos campos (en el apartado siguiente ofrecemos una pequeña reseña histórica), el ámbito de exposición de la realidad para el sentido se agranda a la par que se reduce el contexto, con lo cual el significado del sentido no siempre deviene conclusión sobre la materia tratada. En ocasiones, el exceso de sentidos en cada uno de la infinidad de contextos universalmente expuestos, anula la expectativa de un sentido global, convirtiendo la función lógica por excelencia en un verdadero misterio para la comprensión de una realidad que supera y deja al ser humano sin arrestos significantes. De ahí, que ante la imposibilidad de reagrupar en coherencia los diferentes *campos de sentido* que nos ofrece la realidad, es conveniente atender un enfoque primario, una perspectiva, o, mejor, un propósito como término de orientación, después siguiendo ese norte ya se verá hasta donde llegamos.

No sé si esta antinomia del sentido en filosofía ha podido quedar clara. En su caso compensaré el defecto con la cita de tres reconocidos filósofos contemporáneos: Emmanuel Lévinas sitúa el sentido en un marco teleológico del ser en el acto ético; Markus Gabriel entiende el mundo como *campos de sentido*, y Norbert Bilbeny observa la vida como un horizonte de sentido que se consigue al andar y hacer camino. Como se comprenderá cada una de estas conclusiones ha sido el resultado de investigaciones, de tal modo que, paradójicamente, el sentido muchas veces en filosofía resulta la culminación de extensos trabajos, lo que no priva, antes al contrario, la necesidad de un propósito inicial como dirección a perseguir, porque para hablar de sentido hay que observar inicialmente una parte del todo a fin de hallar contexto donde mover las inferencias en el tiempo para la propia definición del sentido.

Hoy, en el siglo XXI tenemos a nuestra disposición ciertos conocimientos científicos, como la teoría del *Big Bang,* la formación de los átomos en las estrellas, el nacimiento de la vida a partir de los átomos de carbono, y, en suma, la evolución universal en la dirección del equilibrio térmico a partir de la termodinámica. En este contexto centraremos el presente ensayo en la *fuerza/energía* como hilo conductor de nuestro relato. Término, como se verá, de difícil comprensión, y en el contexto subjetivo el sentido de la *causa/efecto* que nosotros, los primates "inteligentes", captamos empíricamente de la evolución universal en que estamos inmersos.

Y ello, si no me equivoco, por dos razones que espero se vayan comprendiendo a medida que se avance en la lectura del presente trabajo. La una para intentar solapar nuestra descripción teórica lo más ajustada a las causas primarias que han puesto en movimiento el motor universal y la vida racional, que nos conducirá finalmente a la ética, y la segunda, porque entiendo que todos los sentidos en sus diferentes acepciones disponen de una matriz direccional primaria derivada de los límites del movimiento o evolución universal y consecuente captación humana de la *causa/efecto.*

2. De la teoría de la realidad a la Ontología

Históricamente la teoría de la realidad como descripción conceptual del mundo en que habita el hombre[1], ha sido una constante desde los primeros filósofos griegos, Demócrito, y los de la Grecia clásica con Platón y Aristóteles[2] que intentaron sondear el ser y así descubrir el llamado ente. En la filosofía escolástica, a pesar de la recuperación aristotélica, la teoría de la realidad se mantuvo, aunque con especial orientación teológica, Tomás, Suarez, en la filosofía moderna la teoría de la realidad estuvo presente con los grandes sistemas del siglo XVII, Descartes, Malebranche, Spinoza y Leibniz, y Wolff introdujo el término ontología.

Kant, seguidor del empirismo escocés pronuncia su severo veredicto acerca de la especulación metafísica, aunque culmina finalmente en un orden de ideas metafísico, en una razón construida no por la razón teórica, sino por la práctica, por la conciencia ética[3]. Posteriormente veremos en términos generales el "hueco" del idealismo[4], la

---

[1] Aceptando que hay cosas independientes de la conciencia.

[2] Cfr. ARISTÓTELES, *Acerca del Alma*, libro 2.°, Cap. 1.°, p. 167, Ed. Gredos, Madrid 1978.

[3] Cfr. HESSEN, Johannes, *Tratado de Filosofía*, tomo III, ed. Sudamericana, Buenos Aires 1962, p 18, traducción de Lucía Piossek.

KANT, Immanuel, "Ahora bien, la mera percepción (el yo) es sustancia en el concepto, etc., y así todas esas tesis psicológicas son incuestionablemente correctas. Lo que ocurre es que por medio de ellas no conocemos lo que en realidad queríamos conocer del alma". *Crítica de la Razón Pura*, A400, ed. Alfaguara, Bogotá 2005, p. 363, traducción Pedro Ribas.

[4] HEGEL, G.W.F. "Lo que es racional es real; y lo que es real es racional [...] La Filosofía [...] asegura el juicio que nada es real sino idea". *Filosofía del Derecho*, prefacio, ed. Claridad, Buenos Aires 1968, p. 34, traducción de Carlos Díaz.

fenomenología de Husserl[5] y la posterior filosofía analítica y del lenguaje hasta nuestros días[6]. Y como no es posible conocer la realidad sin el ser racional que forma parte inseparable de la materia, las diversas teorías sobre el realismo han ido variando, desde lo que podríamos llamar una realidad ingenua, hasta las diversas formas de realismo, natural, crítico, volitivo (Dilthey), realismo centrado en la gnoseología, realismo social (Durkheim), realismo semiótico (Gabriel Bello y Anil Seth)[7], etc. Todas ellas con sus diferentes puntos de vista y matizaciones, por no comentar la teoría de la realidad teológica, abriéndose también paso la epistemología, y finalmente con mayor predominio llegó la ontología procedente de la fenomenología con Martín

[5] Usserl, Edmund, "Como toda vivencia intencional tiene un noema y en él un sentido mediante el cual se refiere al objeto, así, a la inversa, todo lo que llamamos *objeto,* aquello de que hablamos, lo que en realidad tenemos ante los ojos, lo que tenemos por posible o probable, lo que nos figuramos por imprecisamente que sea, es, solo con el ser tal, un objeto de la conciencia..." *Ideas, relativas a una fenomenología pura y una filosofía fenomenológica,* ed. Fondo de Cultura Económica, México 1962, p. 321, traducción de José Gaos.

[6] Wittgenstein, Ludwig, "El meollo de nuestra proposición de que aquello que tiene dolores o ve o piensa es de naturaleza mental es únicamente que la palabra 'yo' en 'yo tengo dolores' no denota un cuerpo particular, ya que no podemos sustituir 'yo' por una descripción de un cuerpo", *Los cuadernos Azul y Marrón,* ed. Tecnos, Madrid 1998, p. 108 (ultima del cuaderno azul), traducción de Francisco Gracia.

[7] Bello, Gabriel "Las imágenes adquieren e incrementan su significatividad o valor simbólico al correlacionarse con otras, o con otro tipo de entidades, mediante códigos culturales incorporados igualmente por el neocórtex a través de los procesos de socialización [...] creando un poder causal inédito: la causalidad simbólico-semiótica", *La Construcción Ética del Otro,* Ed. Nobel, Oviedo 1997, p. 80.

Seth, Anil, "Vaig créixer sentint Thatcher dient que no existien les societats sinó els individus, però per a mi es el contrari". Contraportada Periódico *La Vanguardia* Barcelona 24-02-2023.

Heidegger, el realismo heterónomo de Emmanuel Lévinas y recientemente el neorrealismo de Markus Gabriel, por citar en forma enunciativa sólo algunos autores.

El tema es pues ahora la realidad comprensiva del objeto y del sujeto, la ontología u ontología realista, aunque a decir verdad tratar hoy, en el siglo XXI, estos temas sin una clara referencia a las ciencias de la naturaleza podría resultar morir en el intento. Por lo que antes de entrar propiamente en el contenido filosófico del presente ensayo en aras de contextualizar adecuadamente la situación, no podemos evitar ofrecer un vistazo científico sobre la configuración conocida de nuestro universo, basándonos, entre otros, pero sobre todo en los trabajos realizados por los científicos Joan Anton Català, Edward Orozco y Antonio y Eduardo Acín, sobre la evolución física del cosmos y la problemática del tiempo en la teoría de la relatividad de Albert Einstein en relación a Martín Heidegger.

3. La Nada de un niño y la realidad de un anciano

Fue durante un atardecer en la primavera de 1955, un niño de once años. Lo recuerdo porque cursaba el primer año de bachillerato en los padres Escolapios de Mataró, una pequeña ciudad industrial en la España franquista, y sobre todo ultra-católica, donde la paz social, que después supe forzada, afectaba a ese niño sensible con miedo reverencial: grabado indeleble del principio de autoritarismo fascista y dogmatismo religioso (curiosamente los niños son los primeros que perciben el ambiente). Como de costumbre a esa hora cruzaba la puerta de la Escuela Pía caminando hacia mi casa.

Me detuve en la calle y observaba el último azul del cielo en contraste con las cornisas de los edificios de la Riera, la calle principal de mi Ciudad, con la mirada fija en el fondo del cielo universal. Pensaba: ¿Y si todo no existiera?

Sería la nada. Y entonces ese niño recordaba con temor lo interminable del tiempo de condena del infierno que el padre Las Heras, poco después reconocido anticomunista en Bahía Cochinos, le había enseñado cuidadosamente con el ejemplo de infinito: Contar todos los granos de arena, de todas las playas del mundo, cuidadosamente, uno a uno, y volver a empezar. Y así una y otra vez, para siempre, el infinito del tiempo. Pero, ¿si en lugar de tiempo no hubiera nada? El pensamiento del niño inicialmente no lo asimilaba ¿La nada? Sí claro, la nada absoluta, pensaba, la nada de siempre y para siempre, quizás lo contrario del infinito. La nada ilógica, fuera de la paridad. ¡La nada única!

En ese instante de temor, algo atroz impresionaba la mente. Estaba pensando que nunca habría habido nada, que en este momento y ahora no habría nada y, lo más espantoso, que nunca más, nunca jamás en el futuro habría nada. Ese niño quedaba absorto ante la posibilidad que nunca hubiera existido la realidad y nunca pudiera existir... Hubiera sido el Universo de la Nada, como una esfera vacía, inerte, sin espacio, siempre igual, inamovible, por los siglos de los siglos, sin posibilidad alguna de alteración, sin tiempo, sin verbo[8].

Pocos años después, este niño aún en la adolescencia, ya pensaba en el secreto de nuestro universo, en el porqué del

---

[8] La nada de Parménides y el *cogito* cartesiano o el Yo = Yo de Fichte son suficientes para aliviar la horrible oscuridad.

movimiento del tiempo, de la evolución, de todo este devenir universal que necesariamente debía obedecer a un impulso entregado desde un principio. Pensaba en el "toque" inicial que puso en movimiento todas las cosas. La posterior evolución dependía de la causa y dirección iniciales[9].

Estos pensamientos posiblemente no conducían a nada. Pero fueron precursores de curiosidad a lo largo de toda una vida intelectual, donde apareció por necesidad la pregunta sobre el Ser y el Tiempo como gran enigma aniquilador de la nada. De ahí que el concepto de tiempo devendrá de gran interés para la introducción al conocimiento de la realidad que nos está afectando.

El niño se hizo mayor y ahora en el año 2023 es un anciano, con sus achaques, que sigue pensando en la teoría de la realidad. Esta vez con algunos conocimientos sobre la materia, quizás en su mayor parte simples ideas discutibles, pero más afinadas por el hecho de vivir la asunción cercana de la muerte como fruto maduro de una afectación, eufemismo de pérdida, de las facultades sensitivas de la vida, de manera que para este anciano, a estas alturas, la realidad cotidiana del día a día es simplemente lo que es: Los objetos son externos, las ideas son pensamientos y las emociones

---

[9] La reproducción del texto en resumen es la siguiente: *CAUSALIDAD 1958. A veces no sé porque pero me da la sensación que todas las cosas encajan perfectamente en el universo. Concibo el universo físico ligado estrechamente. Es decir, la relación de circunstancias promueven otras y en consecuencia éstas a otras. Así debió empezar, si es que ha empezado alguna vez, desde el primer movimiento alterador. Todo sigue una ley, por supuesto la misma que se inculcó en la primera alteración. Imaginemos el universo como una gran masa inerte. Si alguien le produce una alteración, lógicamente empieza un ciclo de circunstancias. Ahora bien, este toque inicial ha podido darse en diferentes formas, con lo que creo en consecuencia en varias leyes totales.*

son amor o temor. Sin ambages, algo así de sencillo, y complicado, como el concepto romano de justicia (distribuir a cada uno lo suyo)[10] aunque parezca de perogrullo.

No obstante, debo añadir en honor a la verdad que merece el lector y desde luego como justificación del presente ensayo, que el mencionado *realismo ingenuo*[11] de este anciano, en su viaje de la vida, ha sido pensando que está filosóficamente fundado por la Utilidad y la Ética, sobre cuyo particular no vamos aún a entrar, salvo avanzar que en la realidad no hay objetos deseados sin vinculación utilitaria del sujeto proponente, y no hay la existencia del otro y los otros, en la más genuina relación intersubjetiva sin la vinculación ética cercana al amor, respeto y tolerancia[12] si tratamos a los otros como sujetos y no como objetos. En otras palabras, sea cual fuere el modo, ahora llamado método[13] de conceptuar la teoría de la realidad en su más amplia acepción,[14] la comprensión del ser en general, esto es el universo, el mundo y las cosas, resultará plausible necesariamente por la utilidad informacional del sujeto, y en el mismo modo la comprensión de la alteridad, el otro y los otros será fundamentada necesariamente por la ética.

---

[10] Mans, José M.ª, *Iustitia suum cuique distribuït*, Cicerón, en *Los Principios del Derecho Romano*, ed. Bosch Barcelona 1979, p. 274.

[11] Cfr. HESSEN, J., *Teoría del Conocimiento*, ed. Espasa Calpe 1976, p. 72.

[12] Muy parecida a la ética del filósofo Emmanuel Lévinas.

[13] Nunca he entendido muy bien, en filosofía, la exigencia de un método más allá de lo que puede significar la utilidad de un protocolo, pero hoy en día cualquier tesis doctoral o trabajo académico exige un apartado sobre el método utilizado. Por mi parte me remito a los principios de la lógica, de no contradicción y la comprensión pragmatista de la evolución de las cosas.

[14] Epistemológica, ontológica, ontológico-realista, gnoseología, analítica, etc.

Pero sigamos, uno de los problemas habituales que dificulta la comprensión de la realidad es la definición del concepto de tiempo,[15] muy especialmente a partir de la teoría de la relatividad de Albert Einstein y sus reconocidos detractores como Heidegger o Bergson, por citar sólo algunos. Por otra parte para entrar en la complejidad de una visión de la realidad deviene de gran ayuda disponer de las diversas opiniones sobre el concepto de tiempo. Por una razón que posteriormente será central en el presente ensayo, se trata de que el tiempo fluye constantemente pero el ser racional no puede acceder al tiempo sin cortarlo, aunque sólo sea mentalmente.

[15] BOUNOMANO, Dean, "The hodgepodge terms and theories about times —presentism, eternalism, tensed time, untensed time, the evolving block universe, relationalism, etc.— is a symtom of the fact that there is no consensus as to what time actually is". *Your Brain Is a Time Machine,* ed. W.W. Norton & Company Inc., New York 2017, p. 149.

Capítulo II
Encuentro con la realidad física

1. La realidad del tiempo en la historia

i) Aristóteles[16] propuso la diferenciación entre tiempo objetivo y tiempo subjetivo[17] preguntándose a la sazón si el tiempo es entre las cosas que son o las que no son. Porque una parte pasada ya no es y otra está por venir. Esta pregunta inicial de Aristóteles fundamenta un interrogante que estará presente a través de la posterior historiografía sobre el concepto de tiempo.

Para Aristóteles el tiempo está relacionado con el movimiento, pero como movimiento sólo hay cambio en

[16] La hermenéutica sobre los textos de Aristóteles, así como de otros autores que se citarán, requiere especial extensión ajena a la brevedad expositiva del presente ensayo, cuya significación se ofrece más con vistas globales a la relevancia dinámica del pensamiento histórico sobre el concepto de tiempo.

[17] Cfr. Aristóteles, *Física*, libro IV.

la cosa, con lo cual el tiempo no es movimiento, pero sin movimiento no hay tiempo, y ahí surge ya una primera dificultad en la visión objetiva del tiempo, concluyendo que si no es movimiento será algo perteneciente al movimiento.

Así, el tiempo es el número del movimiento, un antes y un después y en este sentido el tiempo es divisible. Pero en la numeración del tiempo, el tiempo es lo numerado, no aquello mediante lo que numeramos, esto es la variación de la cosa, el envejecimiento, etc., y en este sentido el tiempo es la medida del movimiento y de lo que está en movimiento.

Ser en el tiempo significa que el ser de las cosas está medido por el tiempo. El tiempo deteriora las cosas y por ello el movimiento hace salir de sí lo que existe,[18] planteando así Aristóteles, desde una observación objetiva del tiempo, un paso hacia la realidad subjetiva tras la gran dificultad de definirlo a partir de la pregunta sobre su existencia sin alma racional que lo midiera, ni que pudiera observar el ahora del presente con el ahora del pasado y el ahora del futuro.

ii) Agustín de Hipona en plena patrística filosófica discurre sobre la relación entre Dios y el tiempo, y en este sentido el tiempo fue obra de la creación divina,[19] pero en el aspecto físico acepta que el tiempo no es lo mismo que

[18] Ahí, con esta afirmación se entiende que Aristóteles empedró el camino para la interpretación de Heidegger, tras la recuperación de los textos aristotélicos por la vía islámica.

[19] AGUSTÍN de Hipona, *Confesiones*, Libro 11, cap. 14-17 traducción Pedro Ribedeneyra y Ángel Custodio, 2017, ed. Planeta. Pp. 292-293.

el movimiento. Para San Agustín el presente es el tiempo propiamente dicho, puesto que el pasado y el futuro sólo devienen actualidad en el alma (racionalidad, psique)[20], por ello el alma contiene el tiempo en las tres formas de presente, pasado y futuro, y así la captación temporal deviene subjetiva, a excepción de cuando afirma que el tiempo fue creado por Dios, lo cual significaría una existencia temporal objetiva[21] si salvamos en este caso las bases teológicas de dicha afirmación. Seguramente el filósofo Emmanuel Lévinas en el siglo XX fue muy consciente de la lectura agustiniana cuando, sin salir del contexto religioso, expuso el tiempo como una *diacronía* exterior al mundo, de la que el hombre sólo percibía una *sincronía*, algo así como una pequeña parte del todo[22].

iii) Albert Einstein y el problema de la *teoría de la relatividad* junto con Martín Heidegger y Henri Bergson presentan el cénit de la problemática sobre tiempo en la era contemporánea, muy especialmente porque los filósofos se mantuvieron dentro de una analítica heredera de la propia tradición aristotélica, mientras que el físico con su *teoría de la relatividad* mostró científicamente la nueva relación entre *espacio/tiempo*, y por consiguiente la nueva es-

---

[20] Cfr. SAFRANSKI, Rüdiger, *Tiempo*, ed. Tusquets Barcelona 2017, p. 137, traducción de Raúl Gabás.

[21] Cfr. RUJANO Leonardo, *"Del concepto de tiempo de Aristóteles al concepto de tiempo en la Filosofía y la Física actual"*, Universidad de los Andes, 28-07-2015, Academia.Edu

[22] LÉVINAS Emmanuel, "Sincronización que es una de las funciones de la intencionalidad: la representación". *De Dios que viene a la Idea*, ed. Caparrós, Madrid 1995, p. 172.

tructura universal desconocida anteriormente[23]. Pero no sólo esto, Einstein se movió de la teoría matemática a la práctica de la realidad útil tras las pertinentes verificaciones, de manera que hoy en día infinidad de instrumentos no funcionarían correctamente sin los cálculos matemáticos de la *teoría de la relatividad especial y general* de Albert Einstein[24]. Pero vayamos por pasos.

En el siglo XVIII se descubrió la termodinámica que daría lugar a la primera revolución industrial del vapor, y desde luego a la problemática sobre el tiempo entrópico, pero en lo que ahora nos ocupa fue en el siglo XIX cuando el escocés Maxwell planteó una nueva teoría sobre la electricidad (electromagnetismo ya es lo mismo) con una fa-

---

[23] HAWKING, Stephen "El tiempo debe haber tenido un comienzo en lo que denominamos gran explosión inicial o *big bang* [...] habíamos esquivado la antinomia de la razón pura de Kant eliminando su hipótesis implícita de que el tiempo tenía sentido independientemente del universo" *El universo en una Cascara de Nuez*, ed. Planeta, Barcelona 2002, p 41, traducción de David Jou.

[24] Desde Copérnico (s. XVI) a Newton (s. XVII) se produjeron una sucesión de progresos en el conocimiento de la realidad cósmica sin precedentes. Debemos recordar que ya según Galileo (s. XVI) el movimiento es relativo, de manera que no se puede identificar un cuerpo en reposo de un cuerpo en movimiento de forma independiente. Por tanto la velocidad *"v"* siempre era relativa, no en función del observador sino del movimiento de los puntos de referencia. En esa línea Newton había propuesto en el siglo XVII que existían un tiempo y un espacio absolutos, lo que implicaba entender la posibilidad de velocidades absolutas, y así la relatividad de Galileo aportaba la equivalencia de los sistemas de referencia inerciales en la medición del movimiento, en el sentido que el tiempo podía foliarse o establecer su métrica absoluta. Era vigente el teorema, según el cual, el tiempo es igual a la distancia partida por la velocidad $(t = d/v)$. El problema era que en tal modelo las ecuaciones matemáticas eran incompatibles sin la existencia de un espacio real o éter envolvente y absoluto que nunca se descubriría. Cfr. ACÍN, Antonio y Eduardo, *Persiguiendo a Einstein,* ed. Batiscafo, 2016, y OROZCO, Edward, "Heidegger y Einstein, relación en torno al tiempo", Rev. Colombiana de Filosofía de la Ciencia, vol. 17, n.º 35, 2017.

mosa fórmula que era el equivalente de la de Newton en cuanto a mecánica. La fórmula acaba con una significación de la velocidad de la luz "*c*" como valor constante (no variable)[25]. ¿Qué significa que la velocidad de la luz tenga un valor constante?

Pues, que según Galileo sabíamos que el concepto de velocidad no tiene sentido si no especificábamos un sistema de referencia concreto, no existía la velocidad como valor absoluto. Luego las ecuaciones de Maxwell serían incompatibles o debía existir un sistema de referencia desconocido que implícitamente concernía a la velocidad de la luz[26]. Dicho en otras palabras, tenemos un principio de relatividad de Galileo por el que sabemos que el movimiento y el reposo son relativos y por tanto indistinguibles entre sí, y de otro lado tenemos la teoría de Maxwell que ha permitido el electromagnetismo con velocidad de la luz constante siempre y en todas direcciones. Luego, no resulta plausible aplicar un sistema de referencia a la luz porque ella siempre va por su cuenta a la misma velocidad. Este es el problema.

En 1905 Albert Einstein publicó su *teoría de la relatividad especial* con el fin de compaginar los principios que eran incompatibles matemáticamente, la velocidad constante de la luz en el vacío y la relatividad de Galileo o teoría de la relatividad en sentido restringido. La incongruencia estaba en

---

[25] De hecho Galileo ya hizo pruebas sobre la velocidad de la luz, llegando a la conclusión que si no era instantánea era muy rápida, fue posteriormente James Bradley quien en 1728 hizo una primera aproximación a la velocidad de la luz.

[26] Cfr. Acín, Antonio y Eduardo, *Persiguiendo a Einstein,* ed. Batiscafo, Barcelona 2016, p. 38 y ss.

que en el sistema de Galileo y de Newton la suma de velocidades podía superar la velocidad der la luz, y Einstein reconoció este problema y expuso su *teoría de la relatividad especial* en forma totalmente lógica resolviendo la contradicción de los anteriores sistemas[27]. Efectivamente, Einstein analizó los conceptos de espacio y tiempo valorando que de hecho no existía ninguna incompatibilidad entre su principio de relatividad y la velocidad constante de la luz[28].

¿Cómo lo pudo hacer Einstein? Fue un replanteamiento estructural de la geometría del espacio y tiempo. La consecuencia es que el tiempo medido con un reloj es un valor cuando dicho reloj no está en movimiento, o sea *t*, pero cuando está en movimiento es *t'*, cuyo tiempo será diferente según la velocidad que se traslade el reloj. De la fórmula matemática propuesta por Einstein siguiendo las ecuaciones de Lorenz[29] se deduce que el tiempo es relativo y depende del observador, y por tanto el valor tiempo debe corregirse por virtud de un factor *gamma* diferencial, formula[30]

[27] Cfr. OROZCO, Edward, *"Heidegger y Einstein: relación en torno al tiempo"*, Revista Colombiana de Filosofía de la Ciencia, vol. 17, n.º 35 (2017).

[28] EINSTEIN, Albert, "Mediante un análisis de los conceptos de espacio tiempo se vio que *en la realidad no existía ninguna incompatibilidad entre el principio de relatividad y la ley de propagación de la luz*, sino que, atendiéndose uno sistemáticamente a estas dos leyes se llegaba a una teoría lógicamente impecable". *Sobre la teoría de la relatividad especial y general*, Alianza ed. Madrid, 2021, p. 29, traducción revisada de Miguel Paredes.

[29] Cfr. EINSTEIN Albert, *Sobre la teoría de la relatividad especial y general*, Alianza ed. Madrid, 2021, p. 62, traducción revisada de Miguel Paredes.

[30] OROZCO, Edward, "Las coordenadas de Lorenz reemplazan las coordenadas cartesianas de la geometría euclidiana y la longitud o distancia entre dos puntos que se encontraba en la estructura métrica del espacio euclidiano se dejan a un lado en el espacio-tiempo tetradimensional de Minkowski por los intervalos entre eventos", en *"Heidegger y Einstein: relación en torno*

que determina la dilatación del tiempo en función de la velocidad[31].

Pero sigamos ahora hacia la *teoría general de la relatividad*. En 1687 Newton estableció la teoría de la gravedad como la atracción que es directamente proporcional a las masas de cada objeto. Newton manifestó que era muy extraña esta atracción sin interacción[32], y posteriormente Einstein observa que la masa gravitacional es equivalente a la masa inercial, formulando en 1907 el principio de equivalencia. Así la *teoría de la relatividad general* extiende el alcance de la relatividad hasta la gravedad, adjudicando al *espacio/tiempo* un sistema geométrico como la relatividad especial, si

al tiempo", Revista Colombiana de Filosofía de la Ciencia, vol. 17, n.º 35 (2017), p. 69.

[31] A este descubrimiento Einstein sumaría otro y es que la distancia se contrae en la misma medida que el tiempo se dilata, por tanto, a partir de ahora todo lo que apunta al espacio y el tiempo no puede verse por separado, de manera que *tiempo/espacio*, ambos devienen la última representación conocida de la "realidad". Y finalmente, conviene dejar constancia de la más famosa fórmula de Einstein por afectar indudablemente al contexto del concepto de tiempo, cuya historia es objeto de estudio en el presente apartado: $E = M.c^2$ Esta fórmula genial (energía es igual a la masa multiplicada por la velocidad de la luz al cuadrado) derivada de la relatividad de Einstein dispone de gran trascendencia ya que antes, con Newton, la masa no inercial carecía de energía. La importancia científica ha sido extraordinaria. Piénsese por un momento que la extracción de pequeñas partes de masa en cadena (fisión) ha dado lugar a la energía nuclear y a la explosión nuclear, porque el paso de *M a* c^2 es inmenso respecto a la liberación de energía. Otra consecuencia en relación a esta fórmula genial en relación a la velocidad de la luz, como máxima velocidad universal, resulta que a mayor velocidad de una partícula se traslada la energía cinética a la masa y ésta se hace más densa, por esto no resulta posible traspasar la velocidad de la luz, ya que suponiendo una fuerza para impulsar una partícula concreta a más y más velocidad ésta cada vez tendría mayor masa, hasta que no existiera ninguna fuerza capaz de impulsarla a mayor velocidad que la propia de la luz.

[32] Recientemente han sido localizadas experimentalmente las ondas gravitacionales.

bien ahora se deben observar los movimientos acelerados y los no acelerados[33].

Quiere ello decir que la gravedad afecta también al tiempo[34] en la misma forma como anteriormente sucedía con la velocidad, de tal modo que Einstein llega a la conclusión que el tiempo, en lo que ahora concierne, está afectado tanto por la aceleración como por la gravedad. Sirva como uno de los ejemplos experimentales el sistema de coordenadas llamado *G.P.S.* conectado a unos veinte satélites con relojes atómicos que transmiten su posición al receptor de tierra/mar que también dispone de un reloj atómico. Como los relojes de los satélites se mueven ante el receptor su tiempo se dilata y su reloj se atrasa en unas siete millonésimas de segundo por la relatividad especial, pero al estar sometido a un campo gravitacional menor que el receptor de tierra/mar, estos mismos relojes de los satélites se avanzan cuarenta y tres millonésimas de segundo, resultando un efecto de treinta y nueve millonésimas de segundo. Si esto

---

[33] Einstein, Albert, "Según la teoría de la relatividad general, las propiedades geométricas del espacio no son independientes, sino que vienen condicionadas por la materia. Por eso no es posible inferir nada sobre la estructura geométrica del mundo a menos que la reflexión se funde en conocimiento del estado de la materia. Sabemos, por la experiencia, que con una elección conveniente del sistema de coordenadas las velocidades de las estrellas son pequeñas frente a la velocidad de propagación de la luz, así pues, si suponemos que la materia está en reposo, podremos conocer la estructura del universo en una primera aproximación". *Sobre la teoría de la relatividad especial y general*, Alianza ed. Madrid, 2021, Pag. 113-114.

Cfr. Orozco, Edward, *"Heidegger y Einstein: relación en torno al tiempo"*, Revista Colombiana de Filosofía de la Ciencia, vol. 17, n.º 35 (2017), p. 71.

[34] Aclaremos que el tiempo puede entenderse como cualquier cadencia física que se repite con regularidad, de hecho la constante de la velocidad de la luz puede serlo, igual que un reloj mecánico, pero en todo caso esto sería una medición de eventos.

no se corrigiera el *G.P.S.* tendría un error aproximado de diez kilómetros en la posición[35].

En definitiva, Einstein transformó mediante las nuevas ecuaciones matemáticas (a partir de Lorenz) el conocimiento del tiempo sujetándolo por una parte al movimiento y por otra a la gravedad, lo cual implica la observación de una elasticidad del tiempo y, por consiguiente, a su vez del espacio. El resultado ha sido de gran valor científico y utilidad física e industrial, pero este nuevo tiempo "variable" solo es observable desde la subjetividad, desde el ser racional. Así pues en comparación inversa a la de Aristóteles (el tiempo no es lo numerado —cosa— sino el número), en Einstein el tiempo no es el número porque ya no puede foliarse, pasando a tener relación con el espacio y el movimiento en forma relativa al observador. Luego, no hay un tiempo absoluto sino el condicionante de una concreta situación observada, la cual se devela matemáticamente para el conocimiento y utilidad humana. Dicho en otras palabras, el tiempo no es algo objetivamente tangible, razón por la que Heidegger observará el tiempo de la relatividad como subjetivo, con independencia de todos los méritos que acompañan a la *teoría de la relatividad especial y general* de Einstein.

iv) Martín Heidegger abordó la problemática temporal desde la ontología siguiendo en alguna forma la estela anteriormente ofrecida por Aristóteles. Esta postura la mantuvo incluso a la vista (ante sus ojos) de la *teoría de la relatividad* descubierta por Einstein, por más que

35 Vid. Acín, Antonio y Eduardo, *Persiguiendo a Einstein*, ed. Batiscafo, Barcelona 2016, p. 112.

Heidegger la relegase a una pura cuestión métrica de la física. El desarrollo de su *temporeidad* ontológica la encontramos en su obra magna *El Ser y el Tiempo*[36] de 1927, y especialmente en textos previos como *El concepto de tiempo*[37] 1924; *Prolegómenos para una historia del concepto de tiempo,*[38] 1925; y colateralmente en *Interpretaciones fenomenológicas sobre Aristóteles*[39], 1922.

Heidegger tuvo una obra extensa, pero es obligado recordar que fue un filósofo famoso viviendo en momentos históricos como el nacimiento del nacionalsocialismo alemán, el fascismo italiano y español y el comunismo de Stalin que condujeron a la segunda guerra mundial. Experiencia coetánea vivida por Albert Einstein políticamente afectado por su condición de judío, mientras que Heidegger llegó a confraternizar con el nacionalsocialismo[40]. Tiempos de la república de Weimar en que la filosofía y, muy especialmen-

---

[36] HEIDEGGER, Martín *El ser y el Tiempo* (1927), traducciones al castellano de José Gaos, ed. Fondo de Cultura Económica, México, 1951; y traducción de Jorge Eduardo Rivera, ed. Universitaria, Santiago de Chile 1997.

[37] HEIDEGGER, Martin, *El concepto de tiempo*, traducción de Jesús Adrián, ed. Herder Barcelona 2008; y *El concepto de tiempo*, traducción y notas de Raúl Gabás, ed. Trotta 2011, Madrid.

[38] HEIDEGGER, Martin, *Prolegómenos para una historia del concepto de tiempo*, traducción Jaime Aspiunza, ed. Alianza Madrid 2006.

[39] HEIDEGGER, Martín, *Interpretaciones fenomenológicas sobre Aristóteles*, traducción de Jesús Adrián, ed. Trotta, Madrid.

[40] Heidegger y Einstein no tuvieron relación conocida, pero aquél ante la importancia de la *teoría de la relatividad* y tratando sobre el tiempo, no tuvo más remedio que hacer algunas menciones a dicha teoría, las cuales principalmente se recogen en sus obras *Tiempo e Historia,* ed. Trotta, Madrid 2020, p 22; *El concepto de tiempo,* ed. Trotta, Madrid 2011 y *El concepto de Tiempo* (tratado), ed. Herder, Barcelona 2004; *Prolegómenos para una historia del concepto de Tiempo,* ed. Alianza Madrid 2006, p 19 y *Ser y Tiempo,* ed. Universitaria, Chile 1998, pp. 33 y 432

te, la moral daban cuenta de un cierto fin de la historia[41]. Obsérvese como lo interpreta Jesús Adrián, en su prólogo a las *Interpretaciones fenomenológicas sobre Aristóteles:*

> Los primeros años que Heidegger pasa como profesor en la universidad de Friburgo entre 1919 y 1923 nos presentan a un pensador inconformista [...] que busca con ahínco dotar a la vida y a la filosofía de un significado que traspase los blindados muros del mundo académico [...] Heidegger no es ajeno al pathos expresionista que invade el clima cultural alemán de posguerra. Desde la historia (Meinecke y Troeltsch) y el arte (Kirchner, Munch y Die Brücke), la narrativa (Mann, Musil y Bretcht) y la poesía (George y Rilke) hasta la filosofía (Spengler, Lukács y Jaspers), la teología (Bultmann y Barth) y la sociología (Mannheim y Scheler) se alza al unísono un grito de protesta contra el optimismo de la razón decimonónica[42].

Es en este contexto histórico cuando Heidegger siente la necesidad de aportar un nuevo conocimiento filosófico más allá de la fenomenología de Husserl, en parte proveniente de Brentano, cuyo centro primario para la construcción de su obra parte de la aceptación ontológica como fundamento de la realidad, lejos de misticismos u otras teorías religiosas, ya fallecidas históricamente desde el XIX con Baudelaire o Nietzsche[43]. Sin embargo, en cierto modo hubo una continuidad con la fenomenología en lo que concernía al principio de ir directamente a la cosas,

---

[41] Cfr. BELLO, Gabriel, *La Construcción Ética del Otro,* pp. 65 y ss. sobre fin de la historia en cuanto agotamiento de la moral religiosa, ed. Nobel, 1997.

[42] ADRIAN Jesús, en "*prólogo*" de Heidegger, Martín, *Interpretaciones fenomenológicas sobre Aristóteles*, traducción de Jesús Adrián, ed. Trotta, Madrid, p 9.

[43] Cfr. BAUDELAIRE, Charles, *Las Flores del Mal* y Nietzsche, Friedrich, *Ecce Homo,* ed. Tomo, México D.F. 2018, traducción de Luis Rutiaga.

salvo que en este sentido la cosa para Heidegger sería el Ser, la ontología en su radicalidad.

Seguidamente trataremos, muy en resumen, los pasos efectuados por Heidegger en su aproximación al *Dasein (Ser-ahí),* no sin antes alertar al lector sobre un pequeño misterio de su obra magna *El Ser y el Tiempo*, famosísima y estudiada como un clásico por el mundo académico, porque fue una obra incompleta al no publicarse una parte en la que supuestamente debía tratar el ser en general. Heidegger en la tradición germana, desde su retiro en la Selva Negra, redactó un tratado sobre el Ser y Tiempo aportando muchos neologismos[44] y categorías ideales en su discurso, lo que indujo a una atenta lectura[45], pero el misterio fue la no publicación de la segunda parte de *El Ser y el Tiempo.* Así, en palabras de José Gaos: "Queda por decir cuál es el sentido del ser en general. Debió decirlo en la primera porción de la 'segunda mitad' de *El Ser y el Tiempo,* mitad no publicada y que no se publicará, según decisión expresa del propio Heidegger"[46]. Desconocemos las razones de Heidegger para no publicar la parte concerniente al Ser en general, pero debemos reconocer que Einstein se lo puso muy difícil. Así las cosas, hay que encontrar el concepto de tiempo heideggeriano en sus obras precedentes o accesorias, pero ahora vayamos al resumen de la ontología fundamental del Ser.

---

[44] Estas categorías nuevas ya fueron anunciadas por Heidegger como necesarias para la mejor ejecución del discurso en su obra *Interpretaciones fenomenológicas sobre Aristóteles,* ed. Trotta, Madrid, Pp. 83-84.

[45] Cfr. JAHANBEGLOO, Ramin, *Conversaciones con Isaiah Berlín*, ed. Artmarcadia, Barcelona 2009, p. 207.

[46] GAOS, José, *Introducción a El Ser y el Tiempo de Martín Heidegger*, ed. Fondo Cultura Económica, Madrid 1971, p. 114.

Ante todo, la ontología heideggeriana es un "realismo" que descarta cualquier idealismo heterónomo o comprensión espiritual del mundo, quizás salvando el concepto de tiempo. El Ser racional es un ente que denomina *Dasein*, como echado al mundo, un mundo imperfecto cuya causalidad se halla en la propia definición de sí mismo, sin interferencias místicas ni religiosas. Esta posición Heidegger la deja meridianamente clara en su llamado *círculo hermenéutico*, donde en la pregunta sobre quién pregunta por el ser, afirma que toda comprensión siempre deriva de una pre-comprensión del mismo ser, de manera que descarta cualquier consideración ajena a la propia ontología, la cual estima como fundamental[47]. Probablemente esta postura deviene inserta en su especial contexto histórico, ya que dicha radicalidad quizás no se observa en sus últimas obras, pero sorprende ahora la esmerada búsqueda del Ser al margen del Otro, de la alteridad, máxime conociendo a Hegel y el provecho que de su filosofía sacó Karl Marx, lo que posteriormente devendrá criticado por muchos, en especial por la obra de Emmanuel Lévinas[48].

La forma del *Dasein* es la existencia de un ente abierto al exterior cuyo horizonte es la muerte, y en el ínterin deviene el

[47] HEIDEGGER, Martín, *El Ser y el Tiempo*, Fondo Cultura Económica, México 1971, traducción de José Gaos, Pp. 170-172. No obstante, sobre el círculo hermenéutico es preciso indicar que Heidegger no lo aplica silogísticamente en su anterior pregunta sobre el ser, al fundamentar su existencia por la simple exhibición (*Dasein*).

[48] LÉVINAS, Emmanuel, fue un segundo discípulo de Husserl coincidiendo con Heidegger, pero toda su obra se fundó a partir de la negación que la ontología en general, y la de Heidegger, fuera fundamental, desde su artículo (1951) *"¿Es fundamental la ontología?"* en *Entre Nosotros,* ed. Pre-textos, Valencia 1993.

cuidado. Pero el cuidado implica por necesidad la imperfección de no estar entero, y si a esto añadimos que el Ser, por imperativos de su racionalidad y reminiscencia está vuelto hacia las posibilidades de futuro, sucederá que este ente llamado Ser se mantiene en una permanente inconclusión. La duda es despejada a partir del momento en que Heidegger acude a la muerte en su máxima naturalidad como finalidad del propio ser, en el sentido de ser para la muerte, y ahí resultará un Ser temporal, y: "Es por esta razón que el *Dasein* y la posibilidad de su muerte hecha patente desde la angustia encuentran fundamento en el cuidado"[49].

A partir de los conceptos de cuidado y de ser para la muerte que integran la comprensión del ente Ser en contraste, por así decirlo, con la esencial apertura de ser para poder ser a la vista de un pasado, intelige el tiempo como el ser del *Dasein*, o sea, el *Dasein* es en cuanto es tiempo[50].

---

[49] OROZCO, Edward, *"Heidegger y Einstein: relación en torno al tiempo"*, Revista Colombiana de Filosofía de la Ciencia, vol. 17, n.° 35 (2017), p. 71.

[50] HEIDEGGER, Martín, "El ser culpable o deudor que se pone junto con él es el ser del *haber sido* más propio. El ser del haber sido es el pasado de tal modo que en un ser tal yo no soy sino el *futuro* del *Dasein y de ese modo su pasado.* El ser en que el *Dasein,* en cuanto a estar-por-delante-de-sí, puede ser verdaderamente su integridad es el *tiempo... No: el tiempo es, sino: el Dasein ocasiona su ser en cuanto tiempo.* El tiempo no es nada que esté ahí fuera en alguna parte y sea el marco de lo que acontece en el mundo; el tiempo tampoco es nada que esté bordeando dentro en la conciencia, sino que es lo que hace posible el estar-por-delante-de-sí-estando-ya-en, es decir, el ser del cuidado". *Prolegómenos para una historia del concepto de tiempo*, (1925) traducción Jaime Aspiunza, Madrid, Alianza 2006, en cita de Orozco, Edward, ibídem.

Así, Heidegger interpreta el *Dasein* como tiempo, porque el Ser es posibilidad en esencia, es poder-ser y ahí en esa curvatura se halla el tiempo como naturaleza del propio Ser en su cuidado. Pero el tiempo no es un ente como se percibe en la expresión vulgar, sino que es existencia, existencia confirmada por la muerte como existencia en el tiempo.

v) Otro contemporáneo a la publicación de la *teoría de la relatividad* fue el filósofo Henri Bergson, francés de procedencia polaco-británica, el cual rechazó también el concepto de tiempo aportado por la *teoría de la relatividad*, aunque, en este caso, mantuvo una buena relación con Albert Einstein, quizás por ser ambos judíos. De hecho Einstein en 1929 acudió a la Sociedad Francesa de Filosofía y respondió brevemente a una conferencia dada por Bergson, y en el Comité Internacional de Cooperación Intelectual de la Sociedad de Naciones (hoy UNESCO) también coincidieron Bergson con Einstein y Marie Curie.

Bergson fue un intelectual de gran prestigio, además de un Premio Nobel, que aportó a la filosofía importantes enfoques sobre creatividad, intuicionismo y sobre todo *duración* por lo que ahora nos concierne en orden al tiempo. Sin duda el tiempo acaece en la subjetividad por cuya razón discrepa del tiempo derivado de la reciente *teoría de la relatividad*, mas, no por ello debemos negar la realidad externa y en tal caso la plausible medición de las distancias y el tiempo de los relojes. Los objetos físicos los concebimos como ocupando posiciones en el espacio, y es el concepto de espacio el que determina nuestra idea ordinaria de tiempo, o sea, el concepto de tiempo que se emplea en las ciencias naturales y para los fines prácticos de la vida diaria[51]. Este concepto de tiempo es la forma especializada y matematizada de la *duración*. Pero la duración pura del tiempo es la que se percibe de forma continuada intelectualmente por la propia vivencia, en una especie de fusión de momentos heterogéneos, la *duración* "es la forma que adopta la sucesión de nuestros estados de conciencia cuando nuestro ego se deja a si mismo vivir, cuando se abstiene de hacer una separación entre su estado presente y los que le precedieron"[52].

Así para Bergson el tiempo no es el tiempo congelado para separarlo y medirlo, esto ya es matematizarlo en el espacio[53], sino el neologismo *duración*[54] que concierne al estado de conciencia que podríamos decir no racional como la lógica, antes bien como fusión heterogénea percibida por la conciencia, expresando la naturaleza del *yo* más profundo. En este punto, tal como Copleston indica, Bergson

[51] Cfr. COPLESTON, Frederick, *Historia de la Filosofía*, ed. Ariel, Barcelona 1980, vol. 9, p. 186, traducción de José Manuel García de la Mora.

[52] BERGSON, Henri, *Time and Free Will,* p. 100, en cita de Copleston, Ibíd.

[53] Cfr. CANALES, Jimena, "Nuevamente argüía que el tiempo real no podía ser medido sin que se alterara; y que la realidad no debía confundirse con la realidad medida: 'La realidad del espacio-temporal (de Einstein) es puramente matemática, y no puede transformarse en una realidad metafísica o en *realidad a secas,* sin dar a la palabra *realidad* un nuevo significado. "¿Guerras de Ciencia? *Los tiempos de Einstein, Bergson y Heidegger"*, Revista de Occidente, Madrid, n.º 353, octubre 2010, p. 87-88.

[54] BERGSON, Henri, "Mi estado del alma, al avanzar en la ruta del tiempo, se infla continuamente como la duración que lo engrosa y hace, por decirlo así una bola de nieve consigo mismo" *La evolución Creadora*, ed. Plaza, Barcelona, 2016, p. 11.

es difícil de interpretar[55], quizás no más que Heidegger, pero lo curioso es que ambos partiendo probablemente de diferentes creencias[56] llegan a conclusiones entiendo que muy similares sobre el concepto de tiempo. Dicho en formas diferentes el tiempo es la vida del Ser.

Resulta paradójico, cuando no enigmático, que después de los primeros intentos de Aristóteles sobre lo que es y lo que no es el tiempo, hasta los grandes pensadores de la primera mitad del XX y, sobre todo, después del conocimiento científico de la *teoría de la relatividad* de Albert Einstein, se llegue a tan asombrosa concepción del tiempo integrándolo como la vida del Ser. Sabíamos desde Aristóteles de la dificultad de elección entre las visiones objetivas y subjetivas del tiempo, pero finalmente con Bergson y Heidegger el tiempo objetivo ha quedado definitivamente relegado a las ciencias de la naturaleza como pseudo-tiempo útil para medir con parámetros que nos hacen conocer el *espacio/tiempo* objetivamente.

vi) El concepto de tiempo que hasta ahora hemos resumido de los anteriores autores estaba basado en lo que podríamos llamar una teoría de la realidad física, si recogemos en el concepto el fenómeno psíquico de la subjetivi-

---

[55] El comentario de Copleston está en su obra, *Historia de la Filosofía*, ed. Ariel, Barcelona 1980, vol. 9, p. 186, traducción de José Manuel García de la Mora.

[56] La ontología de Heidegger es fundamental y así lo expresa en *Ser y Tiempo*, aunque quizás posteriormente tienda en mayor grado su reflexión a visiones quizás heterónomas, mientras que Bergson, por su condición de judío desde sus lecciones dadas en 1900 sobre historia de la idea de tiempo, ya estudia el tiempo absoluto como circulo divino, Cfr. BERGSON, Henri, *Historia de la idea de tiempo,* ed. Paidós, Barcelona 2018, Pp. 260-265, traducción de Adriana Alfaro y Luz Nogues.

dad. Con Emmanuel Lévinas nos encontraremos con una teoría del tiempo absolutamente extraordinaria respecto de los anteriores planteamientos como seguidamente observaremos.

Emmanuel Lévinas[57] fue un filósofo de primer orden. Realizó su formación en Estrasburgo y posteriormente en Friburgo con Husserl, donde encontró a Heidegger,[58] disponiendo de una extensa bibliografía. Por su condición de judío perdió a su familia de origen judeo-lituano durante la segunda guerra mundial; su esposa tuvo que estar escondida en distintos lugares en la Francia ocupada, y él por su nueva ciudadanía francesa, fue movilizado como oficial y pasó la mayor parte de la guerra como prisionero, salvando

---

[57] LÉVINAS Emmanuel, filósofo francés de origen judío lituano (Kovno 1906), recibió gran influencia de la tradición hebraica, desde 1914 hasta 1923 pasó su juventud en Ucrania de la que marchó a Francia. Estudió filosofía en Estrasburgo y posteriormente en Friburgo (1928-1929) donde estudió con Husserl y con Heidegger al que no perdonará su connivencia con el régimen nacional-socialista. En la segunda guerra mundial fue hecho prisionero como oficial francés. En 1951 publica ¿Es Fundamental la Ontología? con la aportación del Otro en claro enfrentamiento con las tesis de Martin Heidegger, no obstante sigue a Heidegger en la investigación ontológica para ir más allá del ser en la relación con el Otro, considerando la ética por la relación intersubjetiva del "cara a cara" como el nacimiento a otro modo que ser. Su bibliografía es abundante. Falleció en París en 1995. Aunque fue director de la Escuela Normal Israelita puede apreciarse una cierta separación entre sus obras de índole religiosa y las de carácter filosófico. La aportación de la figura del Otro en un contexto filosófico de postmodernidad ha supuesto un gran interés. Se han editado obras sobre su bibliografía (Burggraeve, Roger, *Une bibliographie primarie et secondarie 1929.1989*, ed. Leuven 1990), siendo hoy en día innumerables sus comentaristas; en las páginas de Google en español le aparecen más de 175 000 referencias.

[58] Lévinas por su condición de judío, no perdonó a Heidegger su integración en el nacionalsocialismo. Aunque *Ser y Tiempo* formaba parte de los cinco libros más bellos según Lévinas. Los otros eran *Fedro* de Platón; *Fenomenología del Espíritu* de Hegel; *Ensayo sobre los datos inmediatos de la Conciencia*, de Bergson y *Crítica de la Razón Pura* de Kant.

la vida probablemente por su condición de militar francés, y quizás por hablar correctamente alemán.

Antes de entrar en el concepto de tiempo levinasiano será preciso introducirnos, siquiera someramente, en la teoría de la realidad defendida por este autor, precisamente por su carácter heterónomo. Queremos decir que, sin rechazar en ninguna forma la realidad física, niega que la ontología, en especial la de Heidegger,[59] sea fundamental, porque el fundamento de todo se halla en el *exterior*, por virtud de una "entidad" que denomina *Illeidad* situada a distancia infinita, y que solamente se manifiesta en una plena relación intersubjetiva ética a través de una *huella* en la mirada del *rostro* del otro. Por tanto, estamos en presencia de un fundamento exterior aparentemente espiritual, aunque Lévinas no utiliza dicho término, sino nunca, casi nunca.

¿Cómo articula Lévinas su teoría de la realidad, sin mencionarla, para llegar a situar su concepto de tiempo? Muy resumidamente, y probablemente sin mayor precisión que la obtenida de una panorámica general, diremos que estructura la realidad en cuatro estadios. La física en general la denomina el *Hay,* la subjetividad y el psiquismo *Lo Mismo*, y la relación con el otro o intersubjetividad, la concreta con la mirada en el *rostro* de la alteridad que muestra una *huella* de la *Illeidad* intangible a distancia infinita. El mensaje que se percibe en esta relación es el mandato ético *No matarás*, pero ante todo es un mandato de *no in-*

[59] LÉVINAS, Emmanuel (1951), *"¿Es Fundamental la Ontología?"*, en *Entre Nosotros,* ed. Pretextos, Valencia 1993, traducción de José Luis Pardo, p. 11; «*L'ontologie est-elle fondamentale?*», *Entre Nous,* ed. Grasset, París 1991, p. 12,

diferencia ante el otro, es decir de Ética en mayúsculas. Aunque se trata de un mandato sin posibilidad de coerción. Antes al contrario, el sujeto lo percibe para poder actuar libremente al tenor del mensaje recibido o elegir la relación intersubjetiva en el aspecto puramente físico, sin ética, o incluso la violencia contra el otro, pero en tal caso la *Illeidad* no se muestra, de forma que el mundo físico sigue su curso sin ética.

Quiere esto decir, que según Lévinas la realidad no es única y exclusivamente material, sino que existe una posible conexión del sujeto con la *Exterioridad*[60] para inducirle al respeto y consideración con el otro, a la ética, de modo que el mundo físico sigue su curso dentro de todas las previsiones naturales conocidas, pero existe un mensaje exterior en orden a la bondad entre los hombres, en contraste con la maldad y la guerra como forma histórica habitual de relacionarse los seres humanos desde antes de la guerra del Peloponeso[61].

---

[60] LÉVINAS, Emmanuel, "La exterioridad no es una negación sino una maravilla". *Totalidad e Infinito*, ed. Sígueme, Salamanca 1987, p. 297, traducción de Daniel E. Guillot.

[61] Cfr. TUCÍDIDES, *Historia de la Guerra del Peloponeso*, ed. Crítica, Barcelona 2013, libro V, pp. 390-394, traducción de Francisco Rodríguez Adrados, Premio Nacional de las Letras Españolas. 2012.

COPLESTON, Frederick (1969), recoge la cita de Tucídides (según traducción de Benjamín Jowet, Oxford Un. Press.) en la siguiente forma: "Los atenienses declaran: 'Pero vosotros (Melos) y nosotros debemos decir lo que pensamos de veras y debemos mirar solamente a lo que es posible, porque todos sabemos por igual que en la discusión de los negocios humanos, la cuestión de la justicia únicamente tiene entrada allí donde se equilibran las fuerzas que la apoyan, y sabemos que los poderosos sacan cuanto pueden y que los débiles conceden lo que tienen que conceder [...] Respecto a los dioses en que creemos y a los hombres que conocemos es como una ley de su naturaleza que allí donde puedan dominar lo harán. Esta ley no fue hecha

De hecho Lévinas "pese a no querer producir reglas de conducta, máximas, imperativos y leyes de uso común y cotidiano, no por ello deja de tomar partido ético político",[62] pues su discurso ético nos permite situarnos más allá del principio de apropiación y exclusión del otro, dejando claro que el problema a que se enfrenta la ética es el de las guerras y la violencia, con lo cual habrá que entender que la moral no es una farsa (Nietzsche y Marx), salvo que la exclusión del otro, como forma habitual de convivencia en las guerras, forme parte de una categoría moral diabólica que algunos, por no decir muchos, pueden entender como natural y por ende correcta. Y ahí está el quid de la cuestión ética planteada por Lévinas como novedad: "Ni en la Ética a Nicómaco de Aristóteles, ni en la Ética de Spinoza, ni en la *Crítica de la razón práctica* de Kant, ni en la *Genealogía de la moral y más allá del bien y del mal* de Nietzsche, ni en el *Utilitarismo* de Mill, ni en el *Existencialismo es un humanismo* de Sartre (por ceñirme a las más significativas) se encuentra algo similar. Ni en la ética del discurso de Apel y Habermas o Rorty y Taylor"[63].

por nosotros, ni somos nosotros los primeros que hemos actuado según ella; tan sólo la hemos heredado, y se la legaremos a todas las edades, y no se nos oculta que vosotros y la humanidad toda, si fueseis tan fuertes como nosotros somos actuaríais igual que nosotros'. Debe recordarse que cuando los de Melos hubieron de rendirse, los atenienses dieron muerte a todos los que estaban en edad de llevar armas e hicieron esclavos a las mujeres y a los niños y colonizaron la isla con sus propios colonos". *Historia de la Filosofía,* ed. Ariel, Barcelona 1981, tomo 1, traducción de Juan Manuel García de la Mora, pp. 33-34.

[62] Bello Gabriel, *Un Libro de Huellas,* V.V. A.A., ed. Trotta Madrid, 2004, p. 96

[63] Bello, Gabriel, *Un libro de Huellas,* ed. Trotta, Madrid 2004, VV. AA., p. 97.

Pero no sólo eso, ya que esta postura heterónoma contradice de forma radical la ontología de Heidegger, y en particular su conocido *círculo hermenéutico*[64] donde afirma que toda comprensión humana deviene por una previa precomprensión, y por tanto todo ello de la física, mientras que en Lévinas el ser no está enteramente sujeto a la física, sino a una *exterioridad,* lo cual plantea en forma sencilla con la problemática inherente a la cuestión ¿Quién hace la pregunta por el ser?

Avancemos pues que en Lévinas el tiempo absoluto sería una *diacronía* infinita que el ser racional solamente percibe como *sincronía.* Para su interpretación deberemos tener en consideración la estructura psicológica del sujeto en su significación de *Mismo*, puesto que le priva de ir más allá de los silogismos obtenidos desde el mundo físico, con todos los avances científicos que ello suponga, pero siempre encerrados en lo *Mismo,* en la energía y en las formas de su evolución al tenor de los últimos descubrimientos. Y ello es debido a que la captación del mundo por el ser racional obedece a una *sincronía* limitada, lo que es consecuencia directa de la necesidad, a nuestro criterio, de cortar el tiempo y memorizar para hallar el principio de *causa/efecto,* o más claramente, el principio de identidad *A = A,* que no sólo significa *non bis in ídem*, sino muy especialmente que *A es el futuro porque A era el pasado, lo Mismo.*

En su opinión el tiempo hace perceptible la esencia y es mostración de esencia. El desfase temporal consistente

---

[64] HEIDEGGER, Martín (1927), *El Ser y el Tiempo,* F.C.E., Madrid 9.ª 1993, p. 172, traducción de José Gaos.

en el momento evanescente de la representación mental, sería la mirilla por la que escapa un instante de la *diacronía*[65] exterior para ofrecer la *sincronía* temporal en que habita, piensa y dialoga el hombre en lógica, mediante la diferencia de lo idéntico[66].

Bajo este punto de vista, la representación racional sería la reducción a una *res extensa* captada de forma parcial y diferente en cada instante. De suerte que la relación de instantes permitiría la diferencia de lo idéntico. El carácter del instante temporal indica ya su procedencia, su naturaleza de plenitud *diacrónica*, donde una especie de *anarquía*[67] sería pre-original a toda historia, a todo el tiempo, y sería justamente tal coherencia la que permitiría racionalmente en forma limitada reagrupar en el psiquismo un *iter* causal por virtud reminiscente de otros espacios colaterales al presente. O dicho en otras palabras, al ser el tiempo sincrónico reflejo de una *diacronía*[68] exterior de orden

[65] LÉVINAS, Emmanuel, "La diacronía es el rechazo de la conjunción, lo no totalizable y en este preciso sentido Infinito". *De Otro modo que Ser*, ed. Sígueme, Salamanca 1987, p. 55, traducción Antonio Pintor-Ramos.

[66] Citamos diversos pasajes sobre el tiempo en la obra de Emmanuel LÉVINAS: *Totalidad e Infinito,* ed. Sígueme, Salamanca 1987, pp. 9, 77, 81, 136, 160, 182, 248, 251, 261, 280, 289, 290, 291; *Otro modo que Ser, o más allá de la Esencia,* ed. Sígueme, Salamanca 1987, pp. 52, 53, 76, 78, 105, 106, 251 y *El tiempo y el Otro,* ed. Paidós, Barcelona 1993, pp. 90, 91, 95, 121.

[67] LÉVINAS Emmanuel, "Pero la anarquía no es el hecho del desorden, en cuanto a que opuesto al orden [...] la anarquía conmociona al ser por encima de tales alternativas. Detiene el juego ontológico que, precisamente en cuanto a juego, es conciencia en la que el ser se pierde y se encuentra y, de este modo, se esclarece". *De Otro Modo que Ser*, ed. Sígueme, Salamanca 1987, p 166.

[68] LÉVINAS Emmanuel, "La diacronía no es una diferencia que se agote en relaciones entre lo conocido y lo desconocido, repartiéndose lo disimulado y lo cognoscible el plano tematizable de la esencia". *De Otro Modo que Ser,*

absoluto y necesario, la capacidad reminiscente e intelectiva incumbiría al hombre y la mujer por imperativos de su análoga naturaleza temporal con la *diacronía* exterior. En este sentido, la captación del *Hay* (física) levinasiano acontece en destellos evanescentes, y así por virtud de la racionalidad advertimos la *causa/efecto* y construimos la ciencia. Aunque debemos reconocer que la prosa levinasiana no es especialmente transparente.

Lévinas no trata claramente de la evolución universal a partir del *Big Bang*, pero no es menos cierto que podríamos advertir una cierta analogía del tiempo sincrónico levinasiano, aunque quizás sea en forma metafórica al presente discurso, porque según cierta teoría científica, el *espacio/tiempo* que nos afecta, nace por las pequeñas asimetrías (anisotropías) acaecidas poco después del *Big Bang*, sin posibilidad de conocer con las herramientas actuales de la ciencia lo que ocurrió durante 10^{-43} segundos tras la desconocida Singularidad[69].

En este contexto temporal, sabemos que la más lograda concepción subjetiva del tiempo por Bergson y Heidegger depende de la memoria, la reflexión y, en suma, de la inteligencia, sin lo cual no habrían llegado a sus últimas conclusiones. Por tanto, sin la *congelación del tiempo* por la memoria y su posterior reminiscencia y reflexión no habría pasado,

---

ed. Sígueme 1987, p 232. "La diacronía es el rechazo de la conjunción, lo no totalizable y en este preciso sentido Infinito" *Ibíd.* p. 55. "La diacronía radical del tiempo, resiste a la sincronización de la reminiscencia y de la anticipación, a los modos de la re-presentación..." *De Dios que viene a la Idea*, ed. Caparrós, Madrid 1995, traducción de Graciano González y Jesús María Ayuso, p. 263.

[69] Cfr. FERNANDEZ-SOTO, Alberto, *Orígenes*, (VV. AA.), ed. Crítica, Barcelona 2020, pp. 39-40.

presente ni futuro, de modo que para seguir en la investigación del tiempo procede atender en *feed back* la visión objetiva que nos ha entregado la naturaleza,[70] tras lo cual estaremos en mejores condiciones para conocer las causas por las que la naturaleza por sí misma y en su fluida evolución ha engendrado, mediante el secreto bioquímico de la vida, un ser que se piensa a sí mismo, y observa desde su propia atalaya la materia pensando en dos categorías del tiempo: subjetivo y objetivo.

2. La realidad física del *Big-Bang* a la fabricación química de las estrellas

Si tuviéramos a mano la posibilidad de crear un universo entero desde cero[71] nos veríamos obligados a decidir multiplicidad de parámetros para concretar cómo sería nuestro cosmos, su nacimiento y su evolución posterior. Habría que decidir si sería un cosmos muy grande, evolutivo o no, con principio y fin o sin fin, y por supuesto habría que elegir sobre su estructura, si con ladrillos o partículas, y con qué fuerzas operaría. Pero la pregunta de mayor interés sobre nuestro cosmos sería ¿queremos que llegue a tener vida?, y que tipo de vida, ¿también vida inteligente?[72]

---

[70] Rorty, Richard (1979), en *La Filosofía y el Espejo de la Naturaleza,* ed. Cátedra, Madrid 1995, describe un exoplaneta donde ha llegado una nave terrestre. Un tripulante intenta decir a los extraterrestres que tiene dolor de cabeza sin conseguir que lo entiendan, hasta que finalmente le contestan: Ah! Lo que tú tienes son las neuronas excitadas.

[71] Català Amigó, Joan Anton, *Historia de la Vida*, Angle ed. 2021, p 23. Con estas palabras dicho autor, cuyo guion seguiremos y haremos constante referencia a su obra científica, comienza su excelente libro.

[72] Cfr. Català Amigó, Joan Anton, *Historia de la Vida*, Angle ed. 2021, p 23.

Llegados a este punto y pensando ahora sobre nuestra realidad vital deberemos comprender que hay infinidad de posibles universos con muchas variables, pero solamente uno, exactamente el nuestro cuyos ajustes mecánicos son los únicos que permiten que nosotros estemos ahí[73].

La existencia de los átomos, las partículas que los forman, la integridad de las moléculas y a escala macrocósmica toda la relación entre planetas, estrellas y galaxias depende fundamentalmente de la fuerza, de la energía,[74] este es un componente fundamental sobre el que más adelante trataremos porque la fórmula $E = m.c^2$ de Einstein es imprescindible para ir entendiendo, aunque sea muy poco, nuestro universo.

Por lo que hoy vamos conociendo mediante bases científicas, las mismas que las de la *teoría de la relatividad* de Einstein, nuestro universo donde habitamos apareció a partir de un *Big Bang*[75] o gran explosión,[76] de ello hace unos

---

[73] CATALÀ AMIGÓ, Joan Anton, "Doncs bé, la mateixa existència dels àtoms tan sols es possible si l'univers obeeix unes regles determinades que fan, per exemple, que els electrons, protons i neutrons (components dels àtoms) tinguin les propietats justes. Si la natura hagués creat un electró més pesat, un protó amb una carrega alèctica diferent, o un neutró amb menys massa els àtoms no serien estables. I sense maons el resultat seria un cosmos privat de qualsevol possible construcció". *Historia de la Vida*, Angle ed. 2021, p. 26.

[74] Hoy sólo conocemos las fuerzas de la gravedad, electromagnética, nuclear fuerte y nuclear débil.

[75] Hubo otras teorías como la alternativa I del estado estacionario de Fred Hoyle y la teoría alternativa II, la constante cosmológica de Albert Einstein, que hoy en día se hallan casi descartadas. Cfr. FERNÁNDEZ, Alberto, *Tras el Big Bang*, ed. Batiscafo 2016, pp. 28-35.

[76] Se llama gran explosión porque desde el momento cero la máxima concentración de energía fue expulsada hacia afuera en todas direcciones, aunque a la vista de la segunda ley de la termodinámica se nos ofrece una mayor entropía durante la expansión, consecuencia de la nivelación de la energía

13 800 millones de años. Recuérdese que la luz es una de las formas métricas de calcular el tiempo en base a su constante velocidad de 300 000 km por segundo aproximadamente. Pues bien, según esta teoría clásica, que en principio es coherente con la posterior formación de generaciones de estrellas y galaxias, con el *Big Bang* se puso en marcha un proceso de inflación[77] del *espacio/tiempo* a partir de un estado inicial quizás con temperaturas de quintillones de grados. Provocando, probablemente, al instante siguiente un estado de radiación gamma generalizada[78] y más tarde con la expansión y consiguiente enfriamiento una radiación conocida como fondo cósmico de microondas, que hoy detectamos procedente de todos lados, de cuando el universo tenía una edad de unos 380 000 años[79].

La teoría científica describe que esta sopa de partículas (quarks) o plasma posterior al *Big Bang*, por razón de la expansión y enfriamiento cogió densidad y comenzó a interactuar por virtud de una transferencia de energía,

---

térmica. Visto así la tendencia expansionista es hacia el desorden, con algunas salvedades o grumos que se mantienen organizados como es el caso de nosotros mismos. Pero la reflexión va hacia si hemos de hablar de gran explosión o implosión, porque según lo expuesto en el momento cero del *Big Bang* sería el momento más ordenado.

[77] Rovelli, Carlo "hoy sabemos que este cosmos inmenso, elástico y constelado de galaxias, ha crecido durante unos quince mil millones de años, tras emerger de una pequeña nube extremadamente caliente y densa". *Siete breves lecciones de Física*, ed. Anagrama, Barcelona 2016, p. 37, traducción de Francisco J. Ramos.

[78] Cfr. Winberg, Steven, *Los tres primeros minutos del Universo*, ed. Alianza, Madrid 1982, p. 47.

[79] Cfr. Fernandez-Soto, Alberto, *Orígenes*, (VV. AA.), ed. Crítica, Barcelona 2020, p. 84. y Fernandez-Soto, Alberto, *Tras el Big Bang*, ed. Batiscafo 2016, Pp. 47 y ss.

de modo que esas partículas que hoy son conocidas como electrones o quarks, se combinarían para formar protones y neutrones, y más adelante, con un nuevo enfriamiento derivado de la expansión,[80] es cuando los electrones recombinarían con protones para formar los primeros átomos, básicamente de hidrógeno y helio[81].

Estamos hablando sobre probabilidades de una teoría científica, descrita con simples retazos a modo de dar un contexto al fondo filosófico objeto del ensayo, puesto que hoy en el siglo XXI con los avances científicos existentes nos hallaríamos privados de tratar cualquier teoría de la realidad sin tener en consideración la realidad científica de la que estamos hablando. Así que volvamos a la ciencia física, en este caso para agudizar la observación de un detalle, antes citado, pero sumamente importante en la formación de nuestro universo, porque hay quizás un punto de reflexión sobre la idea del Creador o Naturaleza, consistente en las pequeñas asimetrías descubiertas poco después del *Big Bang* que con la inflación crecieron y fueron las que permitieron la creación de las primeras galaxias y, en suma, del universo.

Otra importante consideración, respecto a la fuente de energía fundamental del *Big Bang*, deviene cuando las observaciones científicas nos dicen que la energía pura, al aparecer las primeras partículas consecuencia del enfriamiento de las elevadísimas temperaturas iniciales, tuvo que crear pares de partícula y de antipartícula, conocido como

[80] Cfr. SAGAN, Carl, *Miles de Millones,* ed. BSA Barcelona 1998, p. 63.

[81] Cfr. CATALÀ AMIGÓ, Joan Anton, *La Historia de la Vida*, Angle ed. pp. 78 y ss. y KRAUSS, M. Laurence, *Un Universo de la Nada*, ed. Pasado-presente, Barcelona, p. 40.

materia y antimateria. Sin embargo la antimateria es muy escasa en el universo conocido, viviendo nosotros en un mundo de materia, si no, no existiríamos[82]. Y claro, el quid de la cuestión se halla en la diferente carga eléctrica, de modo que su contacto desencadena la destrucción inmediata de ambas revirtiendo en energía pura, y en el sentido inverso cuando chocarían dos partículas de alta energía pura (fotones), la teoría prevé que revertiría en un par de partícula y antipartícula[83], cuya masa estaría en función de la carga energética de los fotones. Este modelo de la creación de energía pura a partir de la masa parece estar teóricamente consolidado con experimentaciones operadas en los aceleradores de partículas y, desde luego, a partir de la fórmula $E = m.c^2$ de Albert Einstein.

La energía es pues la fuente fundamental que aparece tras los primeros instantes del *Big Bang*, integrada quizás inicialmente por partículas contenedoras de energía pura (fotones) que dieron lugar, fruto de la interacción, a la materia (y antimateria, aunque ésta se desconoce su mayor destino), configurada por partículas con masa que a su vez fueron integrando los primeros átomos de hidrógeno y helio, los más ligeros, conformando unas grandes nebulosas retenidas por la fuerza de la gravedad a lo largo de millones de años[84].

---

[82] Cfr. Català, Joan Anton, *La Historia de la Vida*, Angle ed., pp. 138, 140-141.

[83] Vid. Nieves, José Manuel, "Tratan por primera vez de convertir la luz en materia", periódico ABC, Madrid 21-03-2018.

[84] Lozano, Manuel, "El universo está formado por materia y radiación". *De Arquímedes a Einstein*, ed. Debate, Barcelona 2005, p. 214.

Las cantidades de hidrógeno y helio para formar desde una nebulosa una estrella son inmensas[85]. La concentración de todo este material en el centro gravitacional de las nebulosas produce enormes presiones y altas temperaturas hasta que se inflama el horno nuclear, probablemente en el rango de unos quince millones de grados y se inicia el proceso de fusión nuclear en el interior de la estrella naciente[86].

Siguiendo a Català, en este proceso de fusión nuclear, de acuerdo con la fórmula de Einstein, se libera gran cantidad de energía en forma de luz (fotones)[87]. La estrella naciente estará brillando durante millones de años fusionando hidrógeno mientras se mantenga el equilibrio de fuerzas entre su gravedad y la energía generada por la fusión nuclear, hasta su colapso gravitatorio. El proceso de muerte de una estrella de masa equivalente a la solar ha producido helio a partir de hidrógeno, pero antes de convertirse definitivamente en una enana blanca por la paralización de sus hornos termonucleares, se producirá un segundo proceso de fusión nuclear, conocido como triple alfa, fusionando el producto de helio para formar carbono. El fruto de la creación de estos nuevos elementos

---

[85] Cfr. CATALÀ, Joan Anton, *La Historia de la Vida*, Angle ed. 2021, p. 165.

[86] CATALÀ, Joan Anton, "Les estrelles de massa similar al sol extreuen la seva energia nuclear a partir de la reacció anomenada protó-protó (p-p), que funciona en dúas etapas. En la primera, dos nuclis d'hidrogen, es a dir, dos protons, es fusionen per donar un nucli de deuteri, l'isòtop de l'hidrogen format per un protó i un neutrino. Com es pot deduir, en aquesta primera fase es necessari que un protó es transmuti en un neutró, i això s'aconsegueix gracies a l'acció de la nostre coneguda força nuclear feble, que permet aquesta transformació gracies, a l'alliberament de un positró (l'antipartícula del electró) i d'un neutrí. [...] En la segona fase de la fusió nuclear p-p, col.lisionen dos nuclis de deuteri, que es fusionen per crear un nucli d'heli-4 (que conté dos protons i dos neutrons)". *La Historia de la Vida*, Angle ed. 2021, p. 180.

[87] Cfr. DAVIDE, Carlo, *Hacia las Estrellas*, ed. Bonalletra, Barcelona 2016, p. 80.

químicos, la estrella antes de su muerte los expulsará al espacio exterior creando la llamada nebulosa planetaria, para después restar como enana blanca, cuyo fin es el paulatino enfriamiento. No podemos olvidar ahora que el carbono es un elemento básico para conformar los ladrillos orgánicos de la vida[88].

Otros elementos químicos más pesados se producen en las estrellas con mayor densidad, así cuando terminan la fusión nuclear para la obtención de helio comienzan nuevos procesos de fusión cada vez más complejos: La fusión del helio para obtener carbono, luego la de neón, la de oxígeno, la de silicio y finalmente la fusión nuclear de hierro, todo ello debido a las enormes presiones y temperaturas existentes en el interior de estas estrellas gigantes hasta su conversión en supergigantes rojas. Y finalmente su colapso gravitatorio y gran explosión de todo el material al exterior cósmico,[89] conocido como supernova IIb[90].

---

[88] Català, Joan Anton, "La vida que coneixem està feta de carboni, un element imprescindible que vertebra les proteïnes, els lípids o el ADN. El carboni es fabrica per una reacció de fusió nuclear anomenada triple alfa, que perquè pugui progressar requereix l'existència de un estrany estat excitat del carboni. No hi ha res en els nostres models teòrics que justifiqui que aquest estat excitat del carboni hagi d'existir, i la seva presencia es del tot inesperada. Sense aquest estat excitat, que ràpidament decau en forma de carboni més estable que empra la natura per fabricar coses, no hi hauria carboni al cosmos. No hi hauria vida". *La Historia de la Vida*, Angle ed. 2021, p. 200.

Hawking Stephen, "El hecho notable es que los valores de esas cantidades parecen haber sido ajustadas sutilmente para hacer posible el desarrollo de la vida. Por ejemplo, si la carga eléctrica del electrón hubiese sido ligeramente diferente, las estrellas, o habrían sido incapaces de quemar hidrógeno y helio, o por el contrario, no habrían explotado". *Historia del Tiempo*, ed. Crítica, Barcelona 1988, p. 167, traducción de Miguel Ortuño.

[89] Cfr. GEE, Henry, *Historia de la Vida en la Tierra,* ed. Urano, Madrid 2022, p. 12, traducción de Daniel Rovassio.

[90] Català, Joan Anton, "Elements tant quotidians com oxigen, el sodi, el potassi, el calci, el clor, el fòsfor, el silici, el ferro o el coure, per anomenar-ne

Todos nosotros y todo lo que nos rodea está formado por átomos y partículas en cantidades inconmensurables, por lo que quizás resultará conveniente, para situarnos en el contexto del que tratamos, indicar unos breves datos sobre dimensiones, pues el cosmos es inmenso en extensión y contracción. En números macrocósmicos el diámetro del sol mide unos 1.392.000 kilómetros, unas 109 veces mayor que el terrestre, y su masa, es de 2 quintillones de kilos (1,989 × 10^{30kg}), pero Aldebarán en la constelación de Tauro, tiene un volumen 70 000 veces mayor que el Sol. En cuanto a distancias Alfa Centauri, la estrella más cercana, está a cuatro años luz. Las distancias astronómicas son tan inmensamente grandes que un año luz resulta una medida pequeña, por lo que existe la medida del parsec que equivale a 3,26 años luz, el kiloparsec (mil parsec) y el megaparserc (un millón de parsec). La vía Láctea, nuestra

tant sols uns quants, s'alliberen al espai per contaminar el cosmos amb un material que la natura emprarà posteriorment per fabricar planetes rocosos, aigua, pedres, arbres o persones. Certament, podem dir que abans que el nostre Sol i que tot el Sistema Solar es formés, en aquest petit racó de l'univers va viure una estrella massiva que, amb la seva mort, va permetre que avui fóssim aquí". *La Historia de la Vida*, Angle ed., p. 190.

Hay más elementos químicos de la tabla periódica que son producidos por las fusiones nucleares de estrellas supernovas que evolucionan en pareja hasta absorberse por la gravedad. Son los llamados sistemas binarios, que terminan en un cataclismo por la enorme fuerza, cuya inmensa presión provoca la fusión incontrolada del carbono, iniciándose una reacción en cadena y consiguiente explosión termonuclear. Y otro de los procesos de fabricación de elementos químicos opera en las llamadas estrellas de neutrones que orbitan normalmente en pareja hasta la fusión por la fuerza de la gravedad y producción de elementos químicos pesados. En el primer caso de la supernova se producen muchos elementos químicos, en especial los derivados del hierro, tales como cobalto, níquel, cromo, y en el segundo caso de las estrellas de neutrones parece que se forman los elementos más pesados como el oro, la plata o el uranio. Cfr. Català, Joan Anton, *La Historia de la Vida*, Angle ed., pp. 184-199.

galaxia, mide unos 100 mil años luz. Se desconoce la medida y forma exacta del universo, aunque el universo visible es de unos 93 000 millones de años luz. Esto parece una contraindicación con la velocidad de la luz en relación a los 13 800 millones de años desde la Singularidad inicial, pero dicha contradicción desaparece "al tener en cuenta que la inflación cósmica (la expansión ultrarrápida del universo en sus iniciales instantes) está en el origen del propio espacio, del tiempo y de las leyes de la naturaleza, incluida la del límite de la velocidad de la luz"[91].

En el mundo corriente en que vivimos todos conocemos las habituales medidas del sistema métrico decimal, así 0,01 m es 1 cm y un milímetro se significa por 0,001 m. Pero si descendemos más al mundo microscópico nos encontramos que una Micra es 0,000001 m, el tamaño de una bacteria, y si descendemos pasamos ya al mundo nanométrico en el que el tamaño aproximado de una molécula sería 1 Nanómetro = 0,000000001 m, le sigue un Ángstrom equivalente a 0,0000000001 m que sería el tamaño de un átomo, y un Picómetro = 0,000000000001 m que sería 1/100 el diámetro atómico[92].

Todas estas precisiones han sido debidas a los grandes avances científicos recientes en la construcción de microscopios hasta los llamados tactoscopios que pueden palpar los átomos, pues en la década de 1970 no se podía[93]. En

---

[91] FRABETTI, Carlo, *Las Matemáticas de la Naturaleza,* ed. Bonalletra, Barcelona 2016, p. 111.

[92] Ibíd. p. 115.

[93] Vid. GÓMEZ ROMERO, Pedro, *Nanomundo,* ed. Batiscafo, Barcelona 2016, p.p. 88 y ss.

1973 se creía que la dimensión aproximada de un átomo era la que hoy consideramos como dimensión de una molécula, esto es 0,00000001 m (10^{-8} cm). En estas fechas, aún con dicho error, se calculaba que si a un cubo de aluminio puro de 10 cm de lado se le hinchasen los átomos que lo componen hasta alcanzar el tamaño de las pelotas de tenis de mesa, resultaría un cubo cuyo lado mediría aproximadamente 12 700 km y el volumen ocupado por él sería algo inferior al doble del volumen de la Tierra[94]. Pero los átomos en su interior están vacíos, existen enormes distancias relativas entre sus núcleos y los electrones, de manera que infinidad de partículas atraviesan constantemente la materia, nuestros cuerpos y todo el planeta tierra entre ese espacio nanosideral.

Es por ello sumamente importante poder comprender en conciencia los niveles macroscópicos, microscópicos y nanométricos en que nos movemos para captar que la vida ha surgido precisamente en un estadio y en unos momentos exactos de la evolución universal, como suspendida entre abismos siderales inconmensurables, entre el vacío, el vacío de un *yo*.

3. La realidad biológica de la vida

Vemos, pues, que todo lo que nos rodea incluido nuestro propio cuerpo, está formado por unos ladrillos, unos átomos que fuimos reseñando en una escala periódica, los cuales no existirían antes a excepción del hidrógeno y el helio, habiendo sido elaborados por las sucesivas genera-

[94] MONTORO, Amadeo, *Los Átomos*, ed. Salvat, Barcelona 1973, vid. p. 27.

ciones de estrellas. Sin todo este proceso no existiría nuestro universo ni existiríamos nosotros, pues la vida humana que conocemos está formada básicamente por carbono, procedente de una reacción de fusión nuclear, y otros elementos como oxígeno, hidrógeno,[95] nitrógeno, calcio, fósforo, potasio, azufre, sodio, cloro, magnesio, hierro, flúor, zinc, silicio, etc., etc.

Pero ¿cómo fue el paso de lo químico inorgánico a lo biológico? En la primitiva atmosfera de la Tierra la acción de los rayos ultravioleta, las descargas eléctricas y otras fuentes de energía habían provocado la aparición de sustancias elementales, tales como aminoácidos o bases nitrogenadas que constituirían el primer paso para la aparición de la vida, pero esto no era suficiente porque era necesario que inmediatamente después quedasen protegidos de la destrucción por la mismas fuentes de energía que hicieron posible el origen.

De todo este tumulto y cataclismo, en el interior de los océanos, según hipótesis probables, aparecieron los primeros seres vivos "que no eran más que membranas viscosas en los huecos microscópicos de las rocas"[96]. Eran unas membranas como un tamiz permitiendo así la porosidad para la energía y los nutrientes y la expulsión de los desechos. Por primera vez se conseguía un ambiente organiza-

---

[95] Hawking, Stephen "Es difícil imaginar que se pudiera construir un sistema vivo con solo hidrogeno y helio y, de todos modos, el universo temprano todavía estaba demasiado caliente para que los átomos se combinaran en moléculas". *El universo en una Cascara de Nuez*, ed. Planeta, Barcelona 2018, p 104, traducción de David Jou.

[96] Gee, Henry, *Historia de la Vida en la Tierra,* ed. Urano, Madrid 2022, p. 14, traducción de Daniel Rovassio.

do protegido del caos entrópico exterior, de manera que estas primeras membranas eran refugios de orden. "Poco a poco refinaron la generación de energía y la utilizaron para que salieran pequeñas burbujas, cada una de ellas estaba encerrada en su propia sección de la membrana madre [...] gracias al desarrollo de un patrón químico interno que podía copiarse y transmitirse a las nuevas generaciones de burbujas unidas a la membrana. De este modo las nuevas generaciones de burbujas eran, más o menos, copias fieles de sus padres"[97].

Sorprende la rapidez con que comenzó la vida que se gestó quizás 100 millones de años después que se formara el planeta, cuando la joven Tierra aún era bombardeada desde el espacio[98]. Al parecer, hubo una sopa primordial en los océanos de materia prebiológica, probablemente gracias a la gran cantidad de átomos de carbono, pero aun así lo sorprendente fue el nacimiento de la vida[99] como auto-

---

[97] Ibídem.

KALDENTENEGGER, Lisa, astrofísica, directora del Instituto Carl Sagan, estima que la vida surgió hace unos 2000 millones de años, conforme a las predicciones del científico catalán Joan ORÓ: agua cálida, sulfúrica y con minerales posibilitó el encadenamiento de moléculas y la vida. Periódico *La Vanguardia* Barcelona 13-09-2023.

[98] SANTOS, Mauro, "Se pueden considerar diferentes escenarios de la Tierra prebiótica, pero la propiedad básica de la vida como un sistema capaz de experimentar evolución darwiniana empezó cuando la información genética se consiguió almacenar y transmitir tal y como sucede en los polímeros de nucleótidos (ARN y ADN)", en "*UABDIVULGA*" httpss:*www.uab.cat/web/detalle-noticia/que-fue-primero-en-el-origen-de-la-vida-1345680342040.html?articleId=1263801925375*

[99] DAMASIO, Antonio, "La Vida en la Tierra: Inicio de la Tierra +/- 4500 millones de años; química y protocélulas 4000 a 3800 millones de años; primeras células 3800 a 3700 millones de años; células eucariotas 2000 millones

reproducción y defensa de estos microscópicos organismos que se fueron agrupando para crear trillones de arrecifes. Durante los primeros 2000 millones de años la vida se basó en bacterias, en células bacterianas, y la posterior revolución fue la aparición de las eucariotas o células con núcleo[100].

¿Cómo sucedió esta reorganización? Hoy aún se desconoce exactamente como sucedió, si bien existen varias teorías, una de ellas es la descrita por Henry Gee sobre las membranas que anteriormente hemos indicado, pero otros científicos reconocen el desconocimiento actual sobre esta materia[101]. Con todo, debe tenerse en consideración la ausencia de oxígeno en la atmósfera terrestre en tales momentos y la ausencia de protección de los rayos ultravioletas que descomponían cualquier sistema de vida a poco que estuviera cerca de la superficie de los océanos. En estas circunstancias, parece que las cianobacterias desarrollaron unos mecanismos para absorber los rayos malignos mediante un primer sistema de fotosíntesis, y hace quizás unos 2400 millones de años aumentó el oxígeno en la atmosfera, lo cual supuso una gran destrucción de la vida primitiva existente, que exigió una nueva adaptación al medio ambiente.

---

de años; organismo pluricelulares, 700 a 600 millones de años; sistemas nerviosos +/- 500 millones de años". *El extraño Orden de las Cosas,* ed. Planeta, Barcelona 2018, p. 70, traducción de Joandomènec Ros.

[100] Rodríguez-Tarduchy, Gemma y Martínez, Álvaro, "La totalidad del ADN nuclear de una célula humana está formada por 46 moléculas gigantescas de ADN empaquetadas en unas superestructuras que llamamos cromosomas", ¿Por qué Somos como Somos?, ed. Batiscafo, Valencia 2016, p. 26.

[101] Cfr. Dennett, Daniel C., *De las bacterias a Bach,* ed. Pasado-Presente, Barcelona 2020, traducción de Marc Figueras, pp. 35-40.

Siguiendo en las hipótesis plausibles, hace unos 2000 millones de años pequeñas colonias de bacterias cogieron el sistema de vivir en común dentro de una misma membrana y comenzaron a intercambiar genes, y poco a poco fueron especializándose, llegando el momento en que la colonia se convirtió en un nuevo sistema de vida con la célula con núcleo o eucariota permitiendo un sistema de reproducción más organizado: los animales. La esponja como agrupación multicelular durante muchos años se desarrolló en los océanos y ayudó, dentro de la escala temporal a la que nos estamos refiriendo, a oxigenar la atmosfera. Siguieron medusas y animales pequeños que se nutrían de pequeñas bacterias y plancton, comenzando así la llamada cadena trófica y adaptación darwiniana de la vida hasta el desciframiento del código genético[102] por los humanos en nuestros días.

En resumen, la cuestión es pues cómo ha podido suceder el salto de la materia inanimada a la vida. Hoy no es posible conocer como fue el origen químico preciso de la vida, calculado hace unos 3800 millones de años, al no disponer de restos geológicos directos, pero al parecer hubo un primer protoplasma, una primera protocélula común a la posterior evolución darwiniana de la vida, conocida científicamente como LUCA, último ancestro común universal[103].

La vida pues, a la vista de la evolución, no es tan sólo algo que nace, crece, se reproduce y muere, o la defini-

---

[102] Vid. Valpuesta, José María, *A la búsqueda del Secreto de la Vida,* ed. Hélice, Madrid 2008, p. 179 y ss.

[103] Cfr. Briones, Carlos, *Orígenes*, VV. AA., ed. Crítica, Barcelona 2020, p. 149.

ción de la NASA como un sistema químico que puede autosustentarse y es capaz de evolucionar, sino, quizás más extensivamente, la transformación química en un sistema orgánico capaz de reproducirse y evolucionar para, como mínimo, llegar a reflexionar en un bucle especial para ver y entender la materia exterior e interior de la vida; llegar a manipular y transformar el ADN; completar sus capacidades cognitivas mediante conexiones de elementos exteriores con el transhumanismo hasta límites desconocidos; llegar a conocer sucesivamente las leyes del universo e introducirse en la comprensión de la mecánica cuántica; estar en condiciones de ir comprendiendo mediante la neurociencia el funcionamiento del propio cerebro, y todo ello por virtud del inicial acto reminiscente, la *congelación del tiempo*, y consecución de la *causa/efecto* y la lógica, sobre lo que más adelante trataremos. Hay dos fundamentos en la vida, la fuerza constante en el deseo de vivir, *conatus essendi*, y consecuente vocación de libertad ilimitada sólo sometida al sistema exterior de dependencia.

Pero lo más importante, como seres humanos descendientes de LUCA, trasciende toda esa visión objetiva centrada en lo que, siguiendo a Rorty, podríamos llamar el espejo de la naturaleza. Nos referimos a los valores, a la relación con la alteridad, a la capacidad de comunicación y trato con los otros mediante la máxima libertad que nos ofrece el sistema físico de dependencia para relacionarnos, y poder elegir entre causarles sufrimiento o entregarles respeto, ayuda y comprensión ética. En la vida en común de los humanos, acostumbrados a la herencia de la fuerza como "lenguaje" sistemático del cosmos, si alguna dificultad tiene la ética como bondad en su difusión, es que mientras la violencia se corresponde automáticamente con la violencia, la ética requiere para su devolución una multiplicidad de entregas, y, aun así, no siempre se contagia. Y es que la fuerza en su traducción de energía está implicada en todos los estadios del universo.

4. La realidad física del campo de fuerzas

Nuestra visión del universo y de la vida nos ha permitido ser conscientes de la existencia de una realidad tan compleja que difícilmente la podremos entender en toda su dimensión. Pero podemos admirar que estamos en presencia de una maravillosa construcción iniciada probablemente a partir de una especial explosión de energía. La Singularidad ha ido fabricando todos los elementos químicos necesarios para conseguir, en determinada fase de su evolución, la aparición de la vida en el planeta Tierra, minúsculo punto en la inmensidad universal. Y tras un extenso período de evolución desde el primer protoplasma, aparecieron los homínidos con alguna inteligencia como especie. Estos somos nosotros. Primates superiores de entre los simios. Y esta es nuestra realidad, el teatro de nuestra realidad, sustentado por infinidad de partículas, átomos y moléculas.

Pero, que no se nos escape lo fundamental, porque el mundo ya será distinto cuando el lector termine de leer este capítulo. "Millones de toneladas de agua se habrán evaporado a través de los 361 000 000 km^2 de la superficie oceánica, quedando suspendidas en el aire en forma de nubes [...] en el núcleo del sol, miles de millones de toneladas de hidrógeno se habrán convertido helio"[104]. Todo habrá cambiado, y lo importante ahora es observar que todas las construcciones y reacciones químicas anteriormente descritas, son causadas necesariamente por las cuatro fuerzas conocidas que integran el movimiento, la evolución universal y la vida inteligente. Son las fuerzas de la gravedad, la fuerza electromagnética, la fuerza nuclear fuerte, y la fuerza nuclear débil. Y el quid de la cuestión suponiendo una procedencia común unificada de todas ellas, sería formular la interesante pregunta sobre la naturaleza y finalidad de esas fuerzas. Tema arduo que nos podría llevar de las fronteras de la filosofía al *non plus ultra* de las matemáticas sin conseguir respuesta alguna, sobretodo porque científicamente hoy se rechaza hablar de finalidad.

No es ahora en el contexto de este ensayo, el momento para la descripción técnica y desarrollo de la composición y efectos de las cuatro fuerzas universales, pero sí es menester, acorde con la finalidad del trabajo, observar la importancia de la fuerza en el mundo que vivimos, porque no sólo ha sido la fuerza la que ha impulsado toda la evolución universal, sino que la propia construcción de los ladrillos que sostienen nuestro sistema solar, nuestro planeta y nuestros propios organismos, se sostiene por la materia como elemento constructivo, que a su vez es constitutiva de masa y esta no es otra cosa que la acumulación de energía, o sea fuerza[105].

---

[104] PEREYRA, Jordi, *Las 4 fuerzas que rigen el universo,* ed. Planeta, Barcelona 2017, p. 11.

[105] FERNÁNDEZ SOTO, Alberto, "En 1863, Charles R. Darwin envió una misiva al Ateneo de Londres en la que comentaba un escrito del paleontólogo Richard Owen. En una de sus líneas afirmaba: 'Nuestra ignorancia sobre el

Todo es fuerza. Es casi decepcionante verlo en esta perspectiva, porque en el mismo modo que la fuerza constituye una forma de voluntad schopenhaueriana, por así decirlo en sentido meyorativo, no es menos cierto que la fuerza es un modo de construcción opositora. Y ello con una extensión digamos que absoluta, que abarca nuestra propia vida e intimidad. Porque no existe ningún movimiento en el mundo físico y social, ni siquiera la más sensible mirada de la madre a su bebé, que no implique por necesidad una transmisión de partículas y energía. Todo se desenvuelve mediante energía, desde la propia fuerza de gravedad que sostiene nuestra Tierra hasta las circunvalaciones cerebrales, desde el pensamiento al lenguaje. Somos fuerza y vivimos en campos de fuerza, esa es la realidad.

Nuestro mundo de la fuerza y contrafuerza, de constante oposición, es un mundo extraño. Sin pausa ni alivio. Es eso. Aunque también es un mundo maravilloso visto desde nuestra perspectiva con algo de empatía, porque la vida realmente es única y verdaderamente maravillosa, incluso en el modo de "realidad-fuerza-contrafuerza" a la que nos estamos refiriendo[106].

---

origen de la vida es tan profunda como sobre el origen de la fuerza o de la materia"., *Orígenes,* VV. AA. ed. Planeta, Barcelona 2015, p. 22

[106] Todorov, Tzvetan, "El hombre es en primer lugar un objeto material, y esta propiedad dicta algunos de sus comportamientos". *La Vida en Común,* ed. Santillana, Madrid 1995, p. 84, traducción Héctor Subirats.

White, Tim, paleontólogo, "Dejamos de evolucionar sólo por los genes para evolucionar por la cultura", periódico La Vanguardia, 18-05-2023, Barcelona.

Capítulo III
Una evolución del ego de la vida

1. Realidad subjetiva versus realidad objetiva

Centrados ya en nuestro plano filosófico (ontología realista), uno de los primeros problemas a resolver consiste en la definición y, en su caso, diferencia entre la realidad objetiva y la subjetiva. El concepto del Ser en general, la materia, la física, el universo, es uno de los temas que Heidegger no atendió *in extenso*, y Bergson, desde el tiempo, lo hizo dejando explícita constancia de la linealidad material, esto es, del fluir constante de la *duración* sin ningún tipo de paralización en el presente, antes al contrario, un hinchamiento en la memoria del ser racional donde todo permanece como acumulado[107]. Y ahí pues tenemos el problema de

[107] Cfr. BERGSON, Henri, *La evolución Creadora*, ed. Plaza, Barcelona, 2016, p. 13.

por dónde comenzar una teoría, puesto que si todo se acumula en la evolución (creadora) resultará la más absoluta imposibilidad de tratar sobre la teoría de una realidad globalmente vista.

Un primer punto, pues, a tener en consideración antes de enfrentarnos a una teoría de la realidad, es que resulta imposible ver objetivamente las cosas en toda su evolución universal, porque el universo siempre está en movimiento, no para. Obsérvese, mientras leemos este párrafo, ese mismo párrafo, subjetivamente, se acumula a la retención memorística, y bajo el punto de vista objetivo de Rorty,[108] se acumula al estado de la realidad neuronal electroquímica por imperativos de las circunvalaciones inherentes al pensamiento referido. Ello es debido a que nosotros somos el mismo universo en su evolución, el dintorno, y no podemos crear un universo paralelo para describirlo a parte, porque no tenemos capacidad ni poder para ello. Sólo podemos describir parcialmente el universo "visto", en su especial adaptación para nosotros, gracias a nuestra capacidad de inteligencia y reminiscencia. Por tanto, no existe la posibilidad de una teoría de la realidad global.

Y ahí sostienen toda la razón Bergson y anteriormente Hegel, porque el fluir nunca termina y resultará imposible describirlo en absoluto, ya que somos fluir, somos siempre verbo. El filósofo alemán Markus Gabriel[109] cuando acep-

---

[108] RORTY, Richard (1979), en *La Filosofía y el Espejo de la Naturaleza*, ed. Cátedra, Madrid 1995.

[109] GABRIEL, Markus, "La ontología sólo nos dice que la realidad no puede estar constituida por campos de sentido indiferenciados que en general son idénticos". *Por qué el mundo no Existe*, ed. Pasado Presente, Barcelona 2018, p. 96, traducción de Juanmari Madariaga.

ta la teoría de la realidad (o como él prefiere decir, ontología realista) por la presencia de *campos de sentido*, observa la imposibilidad de acoger la visión del campo de sentido global de todo lo conocido[110]. Y ahí Gabriel no sólo nota la dificultad de tratar sobre una realidad absoluta, por "sobreposición" del constante fluir universal como anteriormente hemos visto, sino que además insiste en que no es posible ninguna forma de descripción de un campo de sentido global, porque "el concepto más general será siempre demasiado vacío para posibilitarnos un acceso a objetos ya individuados, cosa que expresa Hegel con su conocida sentencia: "El ser y la nada son lo mismo",[111] en sintonía con lo posteriormente predicho por Heidegger: "El ser es lo más vacío y al mismo tiempo la exuberancia"[112].

Ante la paradoja históricamente reconocida sobre la realidad subjetiva versus realidad objetiva, parece que

---

[110] ALEMAÑ, Rafael Andrés, "Stephen Hawking [con referencia a la dificultad de la teoría unificada del todo] por su parte, recurre de nuevo el teorema de Gödel para justificar el poco éxito obtenido en la búsqueda de una teoría final de unificación. Ya que nosotros y nuestros modelos somos parte del universo en que se describe con ellos, arguye Hawking, una teoría física siempre tendrá problemas de autorreferencia como ocurre en el teorema de Gödel", *En Busca de la Teoría del Todo,* ed. Bonalletra Alcompas, Barcelona 2016, p. 131.

[111] GABRIEL, Marcus, *Sentido y Existencia*, ed. Herder 2017, Barcelona, p. 397, traducción del autor con la ayuda de Goethe Institut.

112 HEIDEGGER, Martín, *Conceptos Fundamentales, curso del semestre de verano Friburgo 1941,* ed. Alianza, Madrid 1999, traducción de Manuel E. Vázquez, p. 84.

LÉVINAS, Emmanuel, también sostiene que "el yo no es inicialmente un existente, sino el modo de existir en cuanto tal, que propiamente hablando no existe". *El Tiempo y el Otro,* ed. Paidós, Barcelona 1992, p. 91, traducción de José Luis Pardo.

nuestros filósofos Bergson y Heidegger se inclinan unánimemente sobre el valor subjetivo al punto de concretar el concepto de tiempo como intimidad de la propia vida humana, relegando los avances de la *teoría de la relatividad* de Einstein en cuanto al tiempo se refiere, a cuestiones puramente formales o matemáticas. Es cierto que Einstein no define el tiempo en forma autónoma con la precisión de la *temporeidad* y la *duración* filosóficas, vamos a aceptarlo. Sin embargo, algo habrá en la *teoría de la relatividad*, y en otras muchas teorías físico-químicas y matemáticas, que resulte "verdad" objetiva. Ello es así por cuanto no podemos negar la evidencia del avance científico, muy en especial el salto operado en las últimas décadas. Pero, es más, ¿Quién ha formulado los términos subjetividad y objetividad como necesarios? ¿Verdaderamente es necesario partir de tal clasificación divisoria? ¿Entonces cuál es el problema?[113]

La cuestión es que el hombre dispone de un sexto sentido, "el conocimiento humano como un desarrollo especial del proceso de recogida de información para mantener la vida"[114]. Esto es la inteligencia racional cuya funcionalidad usa como arma de supervivencia. Así, a nuestro entender, todo lo exterior al ego, al alma platónica, si así puede decirse mientras no ubiquemos el ego, puede describirse

---

[113] HESSEN, J, "El problema del conocimiento consiste en la relación entre sujeto y objeto", *Teoría del Conocimiento*, Espasa Cape, Madrid 1976, p. 68, traducción de José Gaos. Este autor desarrolla toda la problemática histórica sobre la teoría de la realidad, en especial bajo el punto de vista de la fenomenología y la teología por su condición de filósofo-religioso, en dicha obra y en el tomo III de su *tratado de Filosofía*, ed. Sudamericana, Buenos Aires 1962, traducción de Lucía Piossek.

[114] YOUNG, J.Z. (1987), *Filosofía y Cerebro*, ed. Vallcorba, 1992 Barcelona, p. 105, traducción de T. Amat.

necesariamente a partir del crisol de la inteligencia. Pero si pensamos, estudiamos e investigamos lo exterior es por razón de un instinto de supervivencia, un *conatus essendi* spinozista, y consecuente curiosidad[115] al entregarnos una información de utilidad. Dicho en otras palabras, ejercemos el derecho a la inteligencia que nos ha sido regalado sin atender la procedencia. En la investigación científica nos volcamos hacia afuera, nos extrovertimos, enfrentándonos al conocimiento universal con los potentes motores de la inteligencia racional, acogidos gratuitamente al tenor del secreto electroquímico del cerebro y la fluidez y regularidad de la materia universal.

Puede decirse pues que la realidad exterior existe y, sobretodo, nos afecta, y, en este sentido, precisamente el avance científico va lográndose a expensas de una evolución universal de conocimientos exterior a nosotros mismos, pero como fruto de nosotros mismos. Es decir, una evolución de conocimientos útiles que nos ha sido entregada como obsequio. El problema es que toda la realidad exterior se percibe en el ser racional a través del cerebro y ahí es cuando muchos defienden la realidad subjetiva como teoría del conocimiento.

Claro que también deberemos tener en consideración la visión objetiva de las cosas, en otro caso la ciencia no avanzaría, si bien, decir esto no es suficiente porque las proposiciones en las ciencias naturales resultan de una acotación inteligente y por tanto ideal de la energía/materia. Y lo mismo sucede con la recepción exterior de las cosas

---

[115] Sacristan, Manuel, "El ser-ahí, abierto a su mundo, está constantemente des-cubriendo". *Papeles de Filosofía*, ed. Icaria, Barcelona 1984, p 25.

por nuestros sentidos. Todos nuestros sentidos son receptores de energía que transforman en información para el cerebro[116]. Vemos pues que en todos los casos la energía exterior afecta directamente a los sensores humanos que remiten la información al cerebro transformando los *inputs* y creando lo que Anil SETH denomina una "alucinación controlada" de la realidad[117].

¿Quiere esto decir que todo sea subjetivo? Naturalmente que no, porque el mundo exterior, la energía exterior existe, evolucionando mediante sus propias leyes en la flecha del tiempo termodinámico. Lo que ocurre es que somos nosotros unos receptores del universo exterior concentrando el conocimiento por virtud de nuestro cerebro, bien sea gracias a los sentidos corporales o por el ejercicio de la intuición o actividad racional inteligente, las emociones y los paradigmas semióticos.

[116] Si miramos y vemos es porque el reflejo de la luz en las cosas penetra en nuestra pupila y el cristalino que lo transmite a la retina, cuyas neuronas sensibles a la luz la transforman en impulsos nerviosos al cerebro que finalmente lo traduce en las imágenes que vemos de las cosas exteriores; el sentido del tacto es también una transformación en este caso de frio, calor o dolor que los receptores subcutáneos mediante transmisión eléctrica envían al cerebro por la médula espinal para su definitiva codificación de alerta; el viaje del gusto no es muy diferente, los compuestos químicos de los alimentos se disuelven en las papilas gustativas y las células sensoriales receptoras remiten impulsos nerviosos al cerebro que codifica el tipo de gusto recibido; en el olfato las moléculas que están dispersas en el ambiente, por la mucosa nasal llegan a los receptores del olfato que transmiten la información por impulsos eléctricos al bulbo olfativo que codifica el olor como percepción, y en el oído las ondas sonoras bajan por el canal auditivo, pegan en el tímpano y las vibraciones se transmiten a la cóclea y posteriormente se transforman en impulsos nerviosos al cerebro que percibe la imagen del sonido.

[117] SETH, Anil, *La creación del yo*, ed. Sexto Piso, México 2023, p. 105, traducción de Albino Santos.

Las cosas exteriores, por consiguiente, son objetivas, están ahí como echadas (creadas) en un *espacio/tiempo*. Y son objetivas porque no disponen de libertad más allá del impulso inicial del *Big Bang* que las haya echado. Y fundamental y teleológicamente son objetivas porque son útiles a una subjetividad[118] en su libertad condicionada por su sistema de dependencia, que es la propia objetividad universal, las cosas. No se trata de ninguna tautología, simplemente quien nos pone y nos quita la libertad es la materia.

Nuestro organismo, nuestro cerebro y nuestra inteligencia se hallan sostenidos por la materia biológica, de manera que primero somos algo objetivo, que evolutivamente ha llegado a ser subjetivo. Nuestra subjetividad es la cola (efecto) de la objetivad en la evolución universal desde el *Big Bang* hasta el secreto bioquímico de la vida. Y por ello la única posibilidad, a nuestro entender la necesaria, para llegar a investigar sobre nuestro ego y nuestra vida consiste en hacer un *feed back* sobre la teoría de la realidad hasta retrotraernos, dentro de los límites de nuestros conocimientos, claro está, al modo en que hemos sido universalmente engendrados, desde los inicios más remotos de la física hasta la evolución darwiniana y los últimos conocimientos en neurociencia.

En tales circunstancias, para definir una teoría de la realidad, que deberemos llamar ontología, no es necesario

[118] La libertad como clave de bóveda para sostener la diferencia entre subjetividad y objetividad se halla fundada en la mayoría de los ordenamientos jurídicos contemporáneos de tradición romana, donde sólo el sujeto es capaz de derechos sobre los objetos, entendiendo por sujeto quien tiene capacidad de obrar por si o a través de su representante legal, por ello el llamado derecho de los animales (semovientes), hoy en boga, debe entenderse como una obligación del sujeto responsable de los mismos.

despejar las dudas sobre las visiones subjetivas u objetivas, porque obligan a ciertos defectos iniciales condicionantes de la descripción lingüística de la realidad que posteriormente hagamos. Ni siquiera el concepto de verdad[119] dispone de utilidad[120] para esta tarea, puesto que las proposiciones filosóficas, a mi criterio, y naturalmente respetando otras opiniones, más que verdaderas suelen ser hipotéticas, al contrario de las proposiciones formuladas sobre las ciencias naturales, cuya efectividad puede verificarse matemática y empíricamente.

En definitiva, la física es una realidad objetiva necesaria en su evolución para la aparición de la subjetividad racional y, a la par, creadora del propio sistema de dependencia en que se desenvuelve la libertad de los seres humanos, de ahí que debamos concluir con la inexistencia de contradicción entre las visiones subjetivas y objetivas de la realidad, porque vienen de lo mismo, los frutos de una Singularidad cósmica acaecida hace unos 13.800 millones de años.

2. La realidad objetiva en perspectiva como utilidad informacional

No vamos a contradecir, por tanto, la visión objetiva de las cosas, esto es, su realidad, por más que precisemos la subje-

[119] Me refiero a la verdad sobre el ser heideggeriano comentada por Manuel Sacristan en *Papeles de Filosofía,* ed. Icaria, Barcelona 1984, en "*Verdad Desvelación y ley*", p. 15 y ss.

[120] Seth, Anil, "Lo que más importa no es cuál de estos marcos es el correcto (en el sentido de cuál es probablemente verdad) sino cuál es el más útil". *La creación del yo,* ed. Sexto Piso, México 2023, traducción de Albino Santos Mosquera.

tividad para captarlas, porque de hecho las cosas son así tal como las "vemos" en sentido amplio, que comprende todo el catálogo sensible, anímico, inteligible, moral y semiótico que conforma el crisol de nuestra percepción[121]. Ahora bien, no es menos cierto que la realidad exterior, como sentido, resulta objetivable siempre dentro de una perspectiva, esto es, nuestra perspectiva. Y ahí procede aclarar que la realidad exterior, las cosas que entendemos reales, pueden también objetivarse en diferentes perspectivas, cuyo resultado arrojará sin ninguna duda diferentes definiciones del mismo objeto. No sólo referido a los diferentes puntos de vista de varios observadores sobre un mismo objeto, sino a la posibilidad de "ver" las cosas desde diferentes ángulos.

La cuestión es de interés, porque si aceptamos solamente la realidad exterior al tenor de nuestra única perspectiva subjetiva, deberemos aceptar la total subordinación conceptual de la cosa al sujeto, de modo que la realidad sería una especie de extensión subjetiva. Pero si pretendemos describir una teoría de la realidad exterior al sujeto, es obligado por ineludible rigor describir el objeto desde todas las perspectivas posibles. Queremos decir, "verlo" por todos lados a fin de entender en su multiplicidad lo qué es.

Así, el tema es ¿Cuántas perspectivas sobre la cosa hay? Infinitas. Luego de antemano hemos de aceptar que nunca vemos las cosas exteriores en su totalidad, pues no hay punto arquimédico. Sin embargo, nuestra esmerada captación de la realidad exterior nos permite una interconexión

[121] Algunas de las más recientes investigaciones neurocientificas indican que las redes neuronales generan y ensayan infinidad de patrones de actividad aleatoria y sólo adaptan contenido cuando benefician el organismo.

de utilidad en orden a preservar nuestra supervivencia dentro de lo posible. ¿Entonces si no vemos la realidad total de las cosas, sino una especie de alucinación o idea sobre ellas, cual es la parte de las cosas que el sujeto capta para su información y utilidad?

Si analizamos un objeto, por ejemplo un planeta, Marte, podemos dar amplias definiciones desde nuestra subjetividad, de hecho los romanos en la antigüedad ya lo definían atribuyéndole determinados poderes guerreros. Sin embargo, la posibilidad de "ver" Marte desde más perspectivas es sin duda tomando las deducciones teóricas y empíricas que nos ofrece la ciencia con todos los conocimientos acumulados, incluidos los cálculos matemáticos. ¿Qué ocurre entonces? Pues que podemos definir la cosa más precisamente con su dimensión, distancia, composición geológico-química, movimiento astronómico, etc. etc.

Así, vemos que hay otras perspectivas de la realidad cuya existencia conocemos como auténtica salvo error en nuestros cálculos. Pero hay más, explicar que Marte está formado por trillones de átomos, y ver en pensamiento esta realidad, que conocemos cierta por las fuerzas de gravedad inherentes al planeta, es sin duda una realidad en otra perspectiva diferente de la habitual. Y lo mismo sucede con cualquier objeto. En una silla sólo vemos la silla y no el interior de la madera en que está formada, no vemos las células orgánicas muertas que la sostienen, pero en otra perspectiva podemos hablar de la silla como su peso, dimensión, etc. etc.

Es cierto que no sería posible describir la realidad, las cosas reales, en todas sus perspectivas, porque serían infinitas, y porque no se puede "fotografiar" una copia y salir de la realidad. Pero, si nos fijamos bien existe un parámetro constante en algún modo común cuando objetivamos la realidad exterior. Nos estamos refiriendo a la utilidad de la cosa real respecto del sujeto que la objetiviza. En otras palabras, definimos las cosas reales por su utilidad, en el bien entendido que ahí el concepto de utilidad no es polisémico, sino gradual y sin antónimo. Es como el calor, dispone de toda una graduación, pero el frio no existe, lo que existe en su caso es menor temperatura. Así sucede también con la utilidad. El sujeto aprecia las cosas reales por su utilidad que puede resultar satisfactoria o no, y en este caso se observa como un cierto peligro o limitación de la libertad y supervivencia del sujeto.

Esto es posible porque la visión de la realidad humana se halla conformada por una compleja diversidad de conexiones con el exterior, tales como los sentidos, la intuición, los sentimientos, las emociones,[122] los conocimientos acumulados en la memoria, la racionalidad, la reflexión, la inteligencia o el paradigma semiótico-social. Todo ello acumulado en nuestro cerebro nos entrega la presencia exterior de la cosa, el sentido común, para, en su caso, nuestra deliberación sobre la utilidad positiva o negativa sobre nuestro bienestar.

Por ello, una *teoría de la utilidad informacional de la realidad*, no es contradictoria con la *teoría* sobre los *campos de sentido* de Marcus Gabriel, antes al contrario, la captación racional de la realidad exterior se ofrece al sujeto por virtud del sentido inteligente que significan las cosas exteriores en su movimiento, aunque a nuestro entender la

[122] Cfr. GÜELL, Isabel, *El Cerebro al Descubierto*, ed. Kairós, Barcelona 2006, p. 125.

utilidad de las cosas para el sujeto es la determinante para captar el sentido de las cosas exteriores.

¿Existen las cosas reales que seccionamos idealmente del universo, sin utilidad? En rigor todos los conocimientos de las cosas reales disponen de algún grado de utilidad positiva o negativa cuando conforma nuestros límites de la libertad, la libertad del *animus essendi*. Aunque también es cierto que determinados conocimientos astronómicos o de mecánica cuántica no son útiles de inmediato, pero se hallan en la antesala de una futura utilidad por la curiosidad, máxime cuando el sujeto, tal como está conformado hoy en día se halla muy distante de cómo será en el futuro con la inteligencia artificial.

En resumen, si después de la presencia de la realidad universal sonsacamos el sujeto por su capacidad racional, deberemos convenir que todo el seccionamiento ideal de las cosas reales exteriores ha sido producido en base a cierta utilidad del sujeto, entendido éste fundamentalmente por la incesante punción de querer ser, de querer vivir, de ser libre dentro del sistema de dependencia en que habita, que no es otra cosa que la realidad exterior, y por ello las cosas exteriores son la proyección de los límites de la libertad del *conatus essendi*, a la par de su sistema de dependencia, como propia fuerza entregada desde el *Big Bang*.

3. La pregunta por la subjetividad racional como realidad

El concepto de subjetividad desde la palabra griega *hipokeimenon* pasando por la traducción de *subjectum* hasta el concepto de la filosofía contemporánea ha sufrido muchas variaciones, pero quizás conviene resaltar Descartes mediante el *pienso luego existo* y Kant con la función de la subjetividad en la síntesis trascendental de la percepción unida a todas nuestras representaciones, deduciéndose de ello un ego permanente[123]. La posterior transformación con la nuda *voluntad* de Arthur Schopenhauer;[124] la solución de Heidegger en el *círculo hermenéutico*; el *nihilismo* de Sartre; el subconsciente de Freud y Jung[125] y la base de una ontología fundamentalmente física en la mayoría de filosofías postmodernas son posturas integradoras de la subjetividad en la propia complejidad cerebral, lo cual visto históricamente

---

[123] Cfr. A. Matínez y J. Cortés, *Diccionario de Filosofía*, formato CD, Herder, Barcelona 1992.

[124] Cfr. La fuerza de la voluntad Schopenhauer con la voluntad determinista de Baruch Spinoza (1677) en Ética, ed. Orbis 1980, traducción de Vidal Peña, p. 81.

[125] Jung, Carl Gustav (1940), "Después de haber llegado al Medioevo, lo mismo que la Antigüedad e incluso la humanidad entera desde sus comienzos, a la convicción de que existe un alma sustancial, se formó en la segunda mitad del siglo XIX una psicología "'sin alma'. Bajo el influjo del materialismo científico, todo lo que no podía verse ni tocarse se tornó dudoso; más aún, sospechoso por pertenecer a la esfera metafísica. Sólo se consideraba científico, y, por tanto admisible lo que se podía reconocer materialmente o deducir de causas materiales perceptibles". *La Realidad del Alma*, ed. Losada, Buenos Aires 2003, traducción Fernando Vela y Felipe Jiménez, p. 7.

Lévinas, Emmanuel (1987), "El yo es diferente por su unicidad, y no único por su diferencia". *Fuera del Sujeto*, ed. Caparrós, Madrid 1997, traducción Roberto Ranz y Cristina Jarillot p. 168, y *Hors Sujet*, Fata Morgana 1987, p 233.

Swaab, Dyck, "En la actualidad existe una disciplina que, según su nombre, tiene por objeto el estudio del alma, la psicología. Sin embargo, la psicología no estudia el alma, sino el comportamiento y el cerebro. La 'psicona' no existe, la neurona' sí". *Somos nuestro Cerebro,* ed. Plataforma Editorial, Barcelona 2016, p. 377, traducción, tradición de Marta Aguilé.

nos ofrece la existencia de dos paradigmas sociales diferentes, las creencias dualistas durante las principales épocas de dominio moral religioso, y la aparición a partir del siglo XIX del paradigma social monista que acogen la mayoría de estudios neurocientificos en la actualidad.

Ante dicho horizonte, por nuestra parte seguiremos en la visión evolutiva de la subjetividad a partir de la unión por confusión de las categorías subjetivista y objetivista de la realidad, y en la misma forma que vamos desgranando históricamente la objetividad de las cosas, deberemos en el presente apartado reformular la pregunta sobre si existe la realidad subjetiva con independencia de las cosas objetivas, esto es el sujeto referido al ser racional, al *homo sapiens*, el hombre de Cromañón. Podrá objetarse que visto ello al margen de la evolución cósmica puede parecer una pregunta retórica, pero, sin embargo, tal duda desaparece cuando situados en el presente punto de evolución universal pretendemos concretar nuestra propia visión subjetiva con independencia de la dinámica universal.

En este punto evolutivo la respuesta sobre la existencia de la subjetividad es necesariamente afirmativa. El sujeto existe, tal como Descartes formuló la proposición, pero la realidad objetiva también existe al tenor de lo descrito anteriormente. Tenemos pues frente a nosotros dos primeras categorías definidas. Veremos más ampliamente cuáles son sus vinculaciones, y sobre todo hemos de investigar, sobre la marcha, en este ensayo, en qué consiste cada una de estas categorías reales, a ser posible sin ampliar la argumentación con la introducción de neologismos, ya que de por sí la filosofía analítico-lingüística dedicó todo el siglo XX al propósito de la realidad epistémico-lingüística dejando un horizonte de limitaciones con las que deberemos movernos.

Entonces, ¿cuál es la pregunta para la definición del sujeto?[126] Debemos recordar que el sujeto está constituido enteramente de materia, y la materia universal, si pudiéramos pensarla sin las atribuciones de la racionalidad, o haciendo abstracción ideal de ello como hacemos ahora, es un continuo "lineal" en evolución, cuyas formas y uniones corresponden causalmente a la primaria fuerza desplegada a partir del *Big Bang*, de manera que las partículas y los átomos agrupados en moléculas a partir del descenso de la temperatura son consecuencia de las fuerzas creadas por la Singularidad inicial. Obsérvese que todo es fuerza. La materia es un depósito de energía, y la expansión cósmica conlleva energía cinética. Estamos formados de campos de energía, y por consiguiente el propio cuerpo humano es un *continuum* de la materia y energía universal, puesto que no existe ninguna división de las fuerzas naturales al constituir los cuerpos humanos físico-materiales de lo que somos integrados. Esto significa en primer lugar, atendidas las circunstancias concurrentes de la física, que la pregunta inicial, a nuestro entender, debe hacer referencia a la siguiente formulación:

¿Cuál es la causa por la que el llamado sujeto, que físicamente no es diferenciable de la realidad conocida, lo separamos de la primaria categórica realidad física?

Antes de responder quizás deberíamos justificar filosóficamente la razón por la que en primer y único lugar reconocemos la física en su totalidad como categoría primaria

[126] Cfr. HEIDEGGER, Martín, *Ser y Tiempo,* ed. Universitaria, Chile 1998, pp. 28 y ss, traducción de J. E. Rivera.

de una teoría de la realidad[127], y ello es debido a la imposibilidad de reconocer ninguna otra clase de la realidad en la primera vista inicial ante nuestros ojos. Tal problemática según Jacques Derrida es vista como la *Presencia* inicial que es lo único que se percibe, es como un algo en lugar de nada, y de ahí surge en nuestro mundo el binarismo, que es la contraposición de la nada inexistente[128].

Pero ahí, salvando la opinión de Derrida, Heidegger nos podrá objetar sobre tal pregunta por el Ser que estamos en un caso de precomprensión. Esto es, el tema a partir de la cuestión del *círculo hermenéutico* planteada por Heidegger en su ontología fundamental[129], donde el círculo del comprender es inherente al sentido racional y donde hay que evitar cualquier salida (ser ideal) por el hecho de que toda interpretación que haya de acarrear comprensión tiene que haber comprendido ya lo que trate de interpretar. Más sencillamente, si preguntamos por el sujeto debemos conocer ya algo del sujeto.

---

[127] Dos precisiones, (1) lo primero que conoce y reconoce el ser humano como bebé es su propio cuerpo con sensaciones, y después la presencia interactiva de la madre. Ahora nos referimos pues a la primera visión de un adulto. (2) Y la segunda es aclaratoria de que esta primera presencia de la realidad física general no es comprensiva de ningún conocimiento global de la realidad sino de la presencia conocida.

[128] A partir de ahí, de la presencia, siguiendo a Derrida, en el juego racional hay *la Difference* que es el tiempo de retención mental del signo, esto es el *di-ferir,* y en la gramática sucede que al final con tanto rodeo del binarismo se superponen contextos y hay *Diseminación* de la *Presencia*. Vid. *"Jacques Derrida, metaética deconstructiva y ética de la hospitalidad"* Bello, Gabriel, VV. AA. en *Aproximaciones a la filosofía francesa del siglo* XX, eds. Domingo Fernández y Ángela Sierra, Laertes Ediciones, Barcelona 2009, pp. 147 y ss.

[129] Heidegger Martín (1927), *El Ser y el Tiempo*, trad. José Gaos. Fondo Cultura, Madrid 1993, pp. 170-173.

Y aquí debemos dar la razón parcialmente a Heidegger si aceptamos su "círculo hermenéutico" al plantear inicialmente la subjetividad como parte de la materia universal, porque para responder sobre la causa de la pregunta de referencia debemos echar mano a la precomprensión, al menos en este caso referido al primer seccionamiento analítico-lógico-lingüístico de la realidad. Ahora bien, la precomprensión que nos permite diferenciar la subjetividad del total resto de la realidad física, no es consecuencia de la existencia de ningún tipo de argumento especial, sino de la causa de nuestra propia existencia como seres racionales.

Vamos a aclararlo un poco para observar el camino lógico despejado en lo posible. Partimos anteriormente de la base de nuestros conocimientos previos sobre la realidad universal y su evolución como un *continuum* físico del que formamos parte nosotros mismos. Y también dijimos que la investigación científica se ha logrado gracias a la inteligencia que nos ha venido regalada a los seres humanos, sin preguntar más. Pues bien, este punto clave del obsequio de la inteligencia, sin pensar más, es lo que justamente nos ha permitido la precomprensión ahora de referencia, esto es ver el universo y la realidad en general, y por ello *es la precomprensión* y, a su vez, la respuesta a la pregunta inicial antes planteada, y, por consiguiente, la causa por la que el llamado sujeto, que físicamente no es diferenciable de la realidad conocida, lo separamos idealmente de esta primaria categórica realidad. El Ser racional y la conciencia de su existencia es pues la precomprensión aludida por Heidegger. Y como no podemos conocer la causa biológica próxima de la aparición de nuestra inteligencia es natural que podamos pensar como plausible en la causa remota de la energía del inicio cósmico que ha llegado a conformarnos.

Quizás hubiera sido más fácil establecer la teoría de la realidad simplemente como la división entre la subjetividad racional y el universo físico objetivo sin preguntar sobre la causa de esta división categórica. Es cierto, pero en tal caso se hubiera eludido la verdadera realidad, esto es, se hubiera intentado justificar la existencia de la realidad física *per saltum*, sin entender que la física universal sólo es observable a través de su propia "fotografía" dentro de un mecanismo inteligente,[130] y este es el primer paso para seguir definiendo la subjetividad, esto es entender de dónde venimos y, sobre todo, donde aún estamos, físicamente.

4. La fuerza y la libertad primaria de la subjetividad como realidad

Biológicamente la subjetividad en la construcción de su organismo y su cerebro, dispone de un elemento central constituido por el *conatus essendi*. Esta presión para persistir en la vida es una constante fundamental, que modulará, como referente, todas las emociones y sentimientos por las que nos vamos desenvolviendo en el transcurso de la vida,

[130] De hecho Heidegger elude la problemática planteada aceptando la causalidad del ser por la simple exhibición. Entendemos que tiene dos posturas en orden a la hermenéutica de la realidad, diferenciando la pregunta sobre el sentido del ser de la pregunta sobre los entes en general (su círculo hermenéutico). Así "En el planteamiento de la pregunta por el sentido del ser no puede haber en modo alguno un 'circulo de la prueba', porque en la respuesta a esta pregunta no se trata de una fundamentación deductiva, sino de una puesta al descubierto del fundamento mediante su exhibición". HEIDEGGER, Martín, *Ser y Tiempo,* ed. Universitaria, Chile 1998, p. 31, traducción J.E. Rivera.

lo cual es la base física y por ende biológica para entender la subsistencia.

El organismo humano, a partir del secreto de la vida y del electroquímico de la inteligencia, está diseñado no para ser feliz,[131] sino para mantenerse en la vida en ese *élan vital* bergsoniano, sin el cual no habría diferencia con la materia física inerte que marcha en el sentido/dirección del equilibrio térmico y la entropía conforme la segunda ley termodinámica. Pero ese impulso de organización y orden está en la parte física del ser racional, es un automatismo natural, si así puede decirse, el metabolismo que recupera energía y la homeostasis que mantiene el orden de las constantes vitales. Es la diáfana conciencia de querer vivir, cuya fuerza nos impulsa a permanecer ahí, dentro de un mundo material del que nos nutrimos y a la par representa los límites de nuestra libertad.

Si vivimos es por razón de la fuerza heredada desde el primer protoplasma, para que determinadas moléculas siguieran en la vida, con tal fuerza y vocación que fueron impulsadas como fruto de una lenta evolución darwiniana hacia la consecución de nuestros organismos complejos e inteligentes. Naturalmente que la vida del ser racional está compuesta de más elementos que le confieren su singularidad, pero causalmente el principal, en orden a mantener su permanencia en la vida, es la fuerza vital de querer vivir, comandando un organismo biológicamente preparado en todos sus aspectos, sensitivos, cognitivos, emotivos, metabólicos y homeostáticos a la defensiva de la propia vida. La

[131] Cfr. Mora, Francisco, *"¿Es nuestro cerebro diseñado para la felicidad?"*, *http://neurocienciaparapsicologos.com/tag/francisco-mora/*

vida se sostiene por la fuerza de querer vivir dentro del *campo de fuerzas* en que habita y se desenvuelve el ser humano.

Pero: ¿Qué es la fuerza a la que nos estamos refiriendo? En esencia la fuerza universal cursada mediante sus cuatro variantes de gravedad, electromagnetismo y nuclear fuerte y débil, es la dirección, el sentido, que nos ha indicado la gran Singularidad en la exacta forma que tuvo lugar, que descocemos. Y la fuerza del *animus essendi* resultará ser un primer desvío en la anterior dirección universal para concentrarse en una especie de oasis, un centro de poder organizado que se opondrá a cualquier fuerza exterior que menoscabe o extinga su propia organización. Y en la misma forma que la fuerza inicial engendrada a partir del *Big Bang* disponía de la voluntad de crear estrellas, planetas, etc., la fuerza recluida en el núcleo de la vida dispone de la voluntad de mantenerse en vida y ampliar en consecuencia su poder frente a la entropía exterior. Esta fuerza heredada de la naturaleza que se enfrenta sistemáticamente a su generación entrópica: ¿Es el *yo*?[132]

La consecuente cuestión sobre la fuerza del querer vivir afecta pues a nuestra libertad, un tema muy tratado cuyos debates van desde la absoluta libertad al determinismo,[133] pasando por todos los puntos intermedios. De hecho la

[132] LÉVINAS, Emmanuel, "El ser, el acontecimiento de ser, el ser en el sentido verbal del término y no en su sentido sustantivo; el ser como *ese* y no como *ens* ni como conjunto de los *entia*, este acontecimiento de ser independientemente del análisis ontológico que se haga de sus articulaciones, significa, ante todo, la inquietud por ser, un esfuerzo que tiende a ese mismo ser, lo que se ha designado mediante la expresión spinozista de *conatus essendi*", "La Ética" en *El Sujeto Europeo,*, ed. Pablo Iglesias, Madrid 1990, p. 10.

[133] Cfr. BOWDERN, Julián, *Algunas repercusiones cuánticas,* ed. por el autor 2017 con impresión de Amazon. p. 33.

aceptación de la física y su evolución universal se hallan sometidas a unos principios direccionales regulares que el ser racional descubre bajo el principio de *causa/efecto*, observado empíricamente. En este sentido el determinismo adquiere cierta relevancia, a la vista que el funcionamiento cerebral, aunque no bien conocido en la neurociencia, nos aparece dentro de una probable programación de causalidad, tema sobradamente conocido hoy en día por el funcionamiento matemático de los ordenadores, salvando las distancias y, sobretodo, la parte emotiva y ética. Sin embargo disponemos de un argumento de consideración para la explicación de la libertad del ser humano dentro de ciertos límites.

Es cierto que no existiría ninguna posibilidad deliberativa si las funciones emotivas conjugadas con las racionales condujeran por necesidad causal a decisiones concretas dentro del mismo patrón determinista. Sin embargo dicha circunstancia no se da en la deliberación ante las diversas decisiones con las que se enfrenta el ser humano. Y ello no solamente por la posibilidad deliberativa en sí, puesto que podría no eludir el determinismo en su modo simple, sino por cuanto el ser racional puede realizar una doble pauta en su deliberación. Una primera concerniente a la conveniencia inteligente sobre las opciones disponibles, y, una vez clara dicha posición, una segunda pausa inherente a la conciencia de la anterior, una doble hélice deliberativa que permite confirmar o negar la inicial predisposición decisiva bruta. Es la conciencia de la conciencia (consciencia psicológica) un principio de libertad[134].

---

[134] Dejamos al margen las decisiones/actuaciones puramente instintivas.

Este es un primer grado de libertad, sujeto posteriormente en la actuación a un sistema de dependencia material del que seguidamente hablaremos, puesto que esta primera libertad que nos permite decidir en conciencia, proyecta una praxis que dependerá de las posibilidades de nuestro entorno físico y social. Estamos en presencia del *yo y mi circunstancia* orteguiano, sólo que sin confusión del ego[135] con la circunstancia, y atribuyendo a ésta el margen preciso de la libertad del sujeto en el entorno físico. Efectivamente, bajo el punto de vista físico el sujeto se halla afecto a todas las limitaciones físicas, puesto que vive y se mueve en *campos de fuerzas.*

Un ser sujeto a un sistema de dependencia es un ser limitadamente libre por definición. Es libre porque de gravar el sistema de dependencia toda su libertad dejaría de considerarse un ser, formando parte de la masa ingente del universo, y es limitadamente libre en forma variable a través de su historia, porque los acontecimientos y circunstancias constriñen la libertad irregularmente. De hecho esta variación, estos altibajos en la libertad del sujeto podría decirse que son la base del dolor/placer, puesto que en la humanidad la diferencia notada en la satisfacción no es una especie de premio surgido sin más, sino más bien la euforia producida por la eliminación de algún malestar previo. Es duro así entenderlo, pero es así, el placer es evitar por un tiempo el dolor, consecuencia de la tensión variable de la cuerda que nos ata al sistema material de de-

[135] SETH Anil, "Sí [jo soc una interpretació] perquè el cervell es un generador d'aquelles percepcions, no es una entitat passiva, també crea". en contraportada Periódico "*La Vanguardia*", Barcelona 24-02-3023. Así pues en posición similar a Heidegger y lejos de las hipótesis de Lévinas.

pendencia. Vivir es un doloroso placer y satisfacción de libertad, pero también una maravilla de la naturaleza.

Con todo, esta fuerza y subsiguiente libertad física en nada contradice a las iniciales fuerzas de la naturaleza si aceptamos que el propio nacimiento de la vida y consecuente evolución, hasta la inteligencia, ha formado parte de la conjunción de fuerzas universales engendradas desde la Singularidad inicial y prestas para este fin determinado. Y lo entendemos así, puesto que no existe ninguna especial circunstancia que nos permita entender o pensar que el nacimiento de la vida ha sido consecuencia de una voluntad ajena a las fuerzas y principios generales por las que se rige el universo. Lo cual, visto así, podría acercarnos por error a un pensamiento determinista.

En resumen, la última *ratio* fundamental del universo es la fuerza como efecto de la energía y es esa misma fuerza exactamente la primaria de la vida consecuencia del giro termodinámico inherente al secreto bioquímico de la vida.

5. La realidad como tiempo, conciencia y ego

Después de los últimos avances en los conocimientos científicos hay varios enfoques sobre la conciencia como el núcleo de la diferencia humana. Así, a modo simplemente enunciativo, la teoría del *Pensamiento de Orden Superior* donde la conciencia estaría ligada a una especie de metacognición; el *Funcionalismo* que entiende que la conciencia no trae causa directa de lo exterior sino de la transformación cerebral de *inputs* en *outputs* como procesamiento; el *Pampsiquismo* en el sentido que la conciencia es fundamental al universo donde todo está ligado como la energía; el *Misterianismo* que estima que la posibilidad de comprensión de la conciencia para los humanos no es posible atenidas sus facultades; el *Correlato Neuronal de la Conciencia* que estudia el fenómeno atribuido a las neuronas en movimiento, o, finalmente, la *Teoría de la Información Integrada*, basada en unos complejos patrones de causa efecto, etc.[136]

Vemos ya de antemano que hay diversos debates sobre el concepto de conciencia. No obstante, debemos reconocer el avance de algunas de las investigaciones científicas, ya que sus métodos se hallan amparados por comprobaciones empíricas y quizás cálculos matemáticos que nos ofrecen veracidad. Sin embargo, hay un enfoque estructural sobre la conciencia del ser racional poco atendido o, cuando menos, no muy tratado quizás por sobreentendido,[137] referido básicamente a los efectos del tiempo en el ser humano en lo que se refiere a la llamada teoría sobre la *congelación del tiempo*, y por ende a la conciencia.

Vayamos por partes, vimos anteriormente Heidegger y Bergson afinar en la búsqueda del concepto de lo que es el tiempo, cuyas grandes dificultades condujeron en ambos casos a solapar de alguna manera el tiempo con la vida, con su *temporeidad* o *duración*. Probablemente por cuanto

---

[136] Cfr. SETH, Anil, *La Creación del Yo*, ed. Sexto Piso, México 2023, pp. 27-42, traducción de Albino Santos.

[137] En el ejercicio de la abogacía durante 45 años en ocasiones me he encontrado con dudas de hermenéutica jurídica de trascendente consecuencia, cuya solución no existe en ningún tratado ni jurisprudencia, con lo cual te da por pensar que la solución es tan evidente que nadie la comenta o que nadie sabe nada.

es realmente difícil hallar otra causa. Y en ello ambos posiblemente llevan razón si profundizamos en la necesidad de concretar un concepto sobre algo tan evidente en la vida cotidiana. No obstante, a nuestro entender, si dejamos al margen la duración de la vida, y observamos atentamente algo que en dichos autores no fue tratado inicialmente, como es el estadio evolutivo universal a partir de la teoría del *Big Bang*, debemos afirmar que propiamente *el tiempo no existe*. Porque lo que llamamos tiempo es la evolución universal que precisamente no tiene tiempo en sí misma, y se confunde con el *tramo evolutivo* del universo en el que va coincidiendo con la propia vida de cada uno, o más precisamente en el que cada ser "abre los ojos" y cada vez ve un estadio de evolución universal diferente, de lo que posteriormente podrá deducir el principio de causa/efecto.

Veamos, la evolución[138] del universo desde la Singularidad inicial y la formación de estrellas, planetas etc. existía antes de la aparición del ser racional que midiera el tiempo, esto es hoy de sentido común[139]. Luego el universo

[138] Probablemente el termino evolución es incorrecto porque significa finalidad, sin embargo conocemos con probabilidad desde una Singularidad hasta la gran expansión y enfriamiento, por lo que durante este tramo usamos el término evolución sin que implique finalidad.

[139] Meillassoux, Quentin, "¿Cómo captar el sentido de un enunciado científico que se refiere explícitamente a un dato del mundo postulado como anterior a la emergencia del pensamiento, e incluso de la vida, es decir, *postulado como anterior a toda forma humana de relación con el mundo?"*, *Después de la Finitud, Ensayo sobre la necesidad de la contingencia*, Caja Negra ed. Buenos Aires 2018, p. 36. Meillassoux denomina *ancestral* a toda realidad anterior a la especie humana. Por nuestra parte dejamos pendiente dicho interrogante, ya que por una parte las ciencias nos han ofrecido resultados empíricos consistentes respecto de realidades universales anteriores al ser humano y, por otra, quizá todos los pensamientos sobre realidades anteriores devienen presentes ante la emergencia del pensamiento.

en esta evolución no tenía tiempo, y por ello ahora tampoco tiene tiempo sin la subjetividad. El universo es como es, y nada más. Lo más parecido para entenderlo sería hablar de sus dimensiones, pero ahí ya aparece el hombre. Quiere ello decir que el tiempo en el universo sólo aparece junto con el ser racional, quien aporta el tiempo es el ser no el universo.

La palabra tiempo es utilizada simplemente como instrumental de referencia, gracias precisa y paradójicamente al develamiento de inexistencia de tiempo universal, a la luz de la capacidad memorística y reminiscente del ser humano. Lo que en forma contradictoria o quizás nemotécnica suele sugerirse con la expresión de *congelar el tiempo,* cuando lo que se congela es una "fotografía" ideal tomada de un *tramo universal* respecto de su evolución sin tiempo. Luego, somos nosotros mismos quienes formando parte física del universo y en ciertos tramos de su evolución "abrimos los ojos" y podemos observar nuestro entorno universal cada vez en un estadio diferente de la evolución.

Esta visión del tiempo no contradice la utilidad de los relojes como medición de eventos, puesto que en el fondo la medición es exactamente la estimación de la variación de la evolución universal de la que estamos hablando, si bien estableciéndose en los relojes unos patrones de medición. Y tampoco es incompatible la *teoría de la relatividad* de Einstein, puesto que la forma evolutiva del universo es la que es, incluyendo todo lo que se va descubriendo como es en el caso del nuevo concepto de *espacio/tiempo* y las curvaturas espaciales que anteriormente desconocíamos. Cuando nosotros en nuestra posición universal "abrimos los ojos" sólo captamos instantáneas de cada momento, y tales "visiones" que usaremos para conocer la causalidad son útiles con independencia que el tiempo sea relativo.

Podrá objetarse que en muchos casos la realidad visible no es actual, como es el caso de la observación de estrellas y galaxias cuya existencia se remonta a miles y millones de años luz, precisamente por el tiempo que ha tardado la luz en llegar a nosotros, o nosotros a la luz. Sin embargo en nada esto afecta a nuestra posición sobre la captación por tramos evolutivos del universo, ya que captamos lo existente en cada momento evanescente. Lo que hay es nuestro tramo de visión de nuestra vida, y esto nos conduce al conocimiento primario del principio de causalidad, con independencia de todo lo que posteriormente nos puedan ofrecer las matemáticas a partir de la imaginación denominada *productiva* por Kant o síntesis de la racionalidad ideal.

Otro medio de congelar un tramo universal, en la línea de la imaginación *productiva* de Kant, es cuando a raíz de los conocimientos y teorías matemáticas se formulen cálculos que nos permitan idealmente conocer otros tramos del universo no asequibles sin la formación ideal de las matemáticas, pero siempre salvando el hecho que el conocimiento de la causalidad se ha originado inicialmente en la forma antes descrita, consolidándose a través de la evolución genética de los primates hasta llegar al ser racional con mayor capacidad de abstracción,[140] por más que ahora la ciencia ope-

140 Queremos decir, que, bajo el punto de vista evolutivo, en especial de los primates, la inicial captación integrada al comportamiento vital ha sido el "tiempo" y subsiguiente instinto de las consecuencias de la causa/efecto en la naturaleza, traducido como patrones de comportamiento innatos, de manera

re con imaginación para lograr mayores conocimientos, y el cerebro del hombre contemporáneo disponga de innumerables significaciones programadas al tenor de las anteriores experiencias vividas ancestralmente[141].

---

que las variadas determinaciones fueron integrándose paulatina y significativamente. Forjándose después, evolutivamente, una vasta red cerebral a su vez de redes neuronales, que asociativamente condujeron en su manejo ideal en la transformación del instinto a la síntesis silogística, el principio de no contradicción y las matemáticas. Todo ello, entendemos que fundado evolutivamente en el principio de causalidad derivado de la "congelación del tiempo".

[141] Kant, Immanuel, cita la llamada imaginación reproductiva que sería la observación de la causa/efecto sensible, es decir, desde la representación, y la productiva que es la que logra la síntesis a partir de ideas imaginativas sin que los datos nos vengan dados sensiblemente. *Crítica de la Razón Pura,* ed. Santillana 2005, pp. 146-147 (A123).

Gabriel, Marcus, en *Sentido y Existencia,* ed. Herder, Barcelona 2017, traducción de Raúl Gabas, por su parte en lo que podría ser la imaginación productiva kantiana, y replicando a Frege, entiende que "El que 2 + 2 = 4 tiene un sentido, por medio del cual tenemos acceso al número 4 no se debe a que nosotros, a través de adecuadas estipulaciones matemáticas, hemos descubierto que el acceso está en 2 + 2, sino en que es una propiedad del 4 ser idéntico a 2 + 2". p. 516. Es decir entrega ya un significado concreto a determinadas cosas sin necesidad de la previa trayectoria causal, lógica o matemática, sobre cuyo particular estamos de acuerdo en cuanto que el cerebro humano, y más hoy en día, dispone la programación significativa de muchas cosas o estado de cosas. Sin embargo, aunque el hombre contemporáneo entienda que la significación de 4 es en forma automática igual a 2 + 2, esto, antes no era así. En la prehistoria se utilizaban los dedos y las ovejas para contar, y no existía con la misma intensidad la significación automática aludida por Gabriel, y en el mismo sentido innumerables significaciones hoy programadas neurolinguisticamente como tales, son consecuencia de una lenta evolución de las primeras observaciones empíricas de causa/efecto. Es a través de la filogénesis de los primates cuando evolutivamente se fueron forjando las impresiones cerebrales empíricas, primero en forma instintiva, y posteriormente a partir del aumento de la capacidad de abstracción se ha llegado a un cúmulo de significados entendidos en forma automática, gracias al trabajo evolutivo de los ancestros. Nuestros descendientes calcularán las distancias según la teoría de la relatividad sin necesidad de hacer todo el trayecto matemático y lógico que tuvo que hacer Einstein.

Vamos a recordar pues como utilizamos estas captaciones de los estadios universales, que después llamaremos tiempo pero que paradójicamente es el resultado de congelar la evolución del universo. La racionalidad, como sistema de orden entregado por lo biológico, percibe sensiblemente la exterioridad mediante símbolos ideales que se retienen en la memoria. Lo importante es observar que estas captaciones se mantienen en el subconsciente intactas significativamente. El ser humano sigue manteniendo su estructura de orden racional envuelto por el movimiento de lo físico, que es un seguir la corriente universal, de tal forma que en sucesivas percepciones puede retener conceptualmente nuevos estados de cosas diferentes. Así en cierta forma puede ver la materia indirectamente en algunos de sus diversos estadios naturales por la reminiscencia significativa,[142] las ideas cartesianas, las representaciones (*volstellungen*) kantianas o las *sensible qualities* de Berkeley.

Vemos pues que la tríada estructural consiste en la *representación-reminiscencia-comparación o síntesis* mental del universo exterior en varios cortes inherentes a su evolución, que permiten al animal humano "fotografiar" y retener memorísticamente el estado de cosas exterior,

[142] Lévinas, Emmanuel (1971), "La memoria recupera, retorna y suspende lo ya terminado del nacimiento, de la naturaleza. La fecundidad escapa al instante puntual de la muerte. Por la memoria me fundo fuera del tiempo, retroactivamente: asumo hoy día lo que, en el pasado absoluto del origen, no tenía sujeto para ser recibido y que, desde entonces, pesaba como una fatalidad. Por la memoria asumo y replanteo. La memoria realiza la imposibilidad: la memoria, con posterioridad, asume la pasividad del pasado y su dominio. La memoria como inversión del tiempo histórico es la esencia de la interioridad". *Totalidad e Infinito*, ed. Sígueme, Salamanca 1987, traducción de Daniel E. Guillot, p. 79.

recuperarlo y finalmente compararlo deduciendo así las conclusiones inteligentes. Esta operación psicológica evidencia la ausencia de tiempo en el universo gracias a la necesidad de congelar diversos tramos de su evolución para recomponerlos y captar su sentido. Esta es la razón por la que Emmanuel Lévinas define los conocimientos humanos a través de la lógica como lo *Mismo,* a mi entender en la misma línea que Jacques Derrida[143].

Así, la conciencia básicamente es la representación o captación de la idea sobre cosas o estado de cosas exterior, la llamada representación en términos fenomenológicos,[144] en el entendimiento que hay en el ser humano diversas representaciones sucesivas y reminiscentes, guardadas todas ellas en muy diversos lugares, aún desconocidos, en la activa y dinámica memoria cerebral,[145] como órgano no pasivo sino activo que opera mediante la llamada asociación emotiva. Pero la conciencia, psicológicamente hablando, no es sólo la representación mental, que en la mayoría de casos sucede de forma instantánea, sino que la conciencia es el segundo pensamiento sobre estas realidades ideales y conclusiones. De ahí que por lo general en las definiciones

[143] Derrida Jacques "Al no pensar lo otro no tienen el tiempo. Al no tener el tiempo no tienen la historia. La alteridad absoluta de los instantes, sin la que no habría tiempo, no puede producirse —constituirse— en la identidad del sujeto o del existente. Aquélla viene al tiempo por el otro. Bergson y Heidegger lo habrían ignorado, Husserl todavía más". *"Violence et Metaphysique"* en *L'Ecriture et la Différence,* Ed. du Seuil, 1967. Traducción al castellano de Patricio Peñalver, Anthropos, Barcelona 1989, p. 124.

[144] Cfr. Husserl, Edmund, *Ideas,* ed. Fondo Cultura, México D. F. 1949, p. 245, traducción de José Gaos.

[145] Cfr. Marina, José Antonio, "La memoria creadora", VV. AA. en *Claves de la Memoria,* ed. Trotta, Madrid 1997, p. 38.

gramaticales de los diccionarios la palabra conciencia suele referir a conciencia de algo, como conciencia de culpa o incluso como conciencia de felicidad. Es en esta segunda "reimpresión" donde podemos hablar propiamente de conciencia sobre algo exterior a nosotros.

Pero la conciencia no es el ego ni la subjetividad, sino una parte funcional del organismo humano, sin duda una parte significativa inescindible, pero que en modo alguno nos define totalmente como subjetividad, por más que el sistema racional nos aparezca básicamente como parte funcional. La cuestión principal será la finalidad de la funcionalidad. Y ahí está la cuestión, porque si bien podemos observar de lo que somos conscientes, al contrario, no conocemos quien es el *yo* consciente, cuando menos para poder determinarlo. Luego, ¿Quién pregunta por el ser? ¿Dónde está y quién es el *yo* relacionado con nuestra conciencia? ¿Y porque somos conscientes?

Susan Schneider[146], científica de la NASA que investiga sobre la I.A. sostiene que el problema no es que seamos conscientes sino que no sabemos por qué somos conscientes. Y sin duda bajo el punto de vista científico y matemático será cierto. Pero, bajo el punto de vista filosófico dicha afirmación enmascara la clave de la cuestión debatida, puesto que tanto si aceptamos que la conciencia nos es útil o bien tiene cualquier otra finalidad, la cuestión final será a quién sirve la conciencia, lo que nos conduce nuevamente la pregunta por el *yo*.

---

[146] SCHNEIDER, Susan, entrevista en periódico "*La Vanguardia*" de Barcelona 27-05.2023.

Ya vimos anteriormente que el *yo* es algo vacío sin que haya podido concretarse objetivamente, antes al contrario dicho *vacío exuberante* del *yo* ha postulado la creencia de una incorporación cerebral a través de diversas teorías, todas ellas en la dirección que el alma es el cerebro, lo cual visto desde una perspectiva histórica podríamos decir que la significación del *yo* se nos ha ido ofreciendo paradigmáticamente por épocas históricas.

Con todo, en el caso que el *yo* permanente sea un efecto reflejo de los *inputs* cerebrales y su complejidad, como se estima en las más consolidadas teorías contemporáneas, psicológicas y neurocientificas, resultará que resta en dificultad el concepto de libertad del ser racional, y en tal caso si deseamos solventar la cuestión más allá de un determinismo debemos hallar un protagonista mental quien decide *in re ipsa* lejos de cualquier heteronomía, esto es un protagonista físico.

Entiéndase bien, al referirnos al protagonista descartamos la posibilidad deliberativa automática sin un referente exterior a todos los circuitos mentales probables que puedan sustentar la aparición del *yo* en la toma de decisiones, tales como cognitivos, instintivos, emotivos, etc. etc. ¿Por qué razón? Pues porque la visión humana del universo en su captación cognitiva, desde su inicial evolución causal, es siempre par. Cuando Hume nos indicó el funcionamiento del principio de causalidad se fundó en la captación de dos divergencias o estados de cosas exteriores, cuya reiteración observada condujo a la aceptación del principio de causalidad. Ciertamente que *a posteriori* podemos hablar de multiplicidad de observaciones, pero en el fondo todas ellas derivan consecuencia del principio de paridad o binarismo. La naturaleza nos entrega para nuestra inteligencia la paridad, pero quien inserta en su memoria el principio conclusivo es el *yo*. En otras palabras, sin el *yo* no existe la inteligencia, pero no puede confundirse la parte puramente cognitiva con el *yo*, aunque el *yo* sea necesario para la síntesis con el rompimiento de la paridad universal, porque sus decisiones no necesariamente deben coincidir siempre con las previsiones inteligentes ofrecidas, cuyo ejemplo paradigmático es la ética como bondad.

Así las cosas, si partimos de una base congruente con la biología y las fuerzas que movilizan nuestro organismo, el *yo* en ninguna forma puede ser exterior a la propia naturaleza universal, exigiendo una comprensión al alcance de los conocimientos científicos y empíricos deducibles de la realidad sobre la que nos estamos moviendo.

6. La libertad y el sistema de dependencia como realidad

El ser humano no es creador por excelencia, no puede realizar todo lo que piensa y menos aún sus fabulosas imaginaciones, porque en la praxis está sujeto a un sistema de dependencia material desde lo más exterior hasta su propio organismo. Y lo extraño está en que la vocación de libertad se halla enmarañada orgánicamente dentro de un campo de fuerzas que la erige hacia arriba y otro inorgánico que la baja y sujeta a su dependencia, porque el ser humano no ha sido engendrado independientemente de la materia. Y en este sentido puede decirse que la voluntad afirmativa de sí mismo ha nacido de una infección de fuerzas al desconocer cómo ocurrió la aparición de la primera vida orgánica, denominada LUCA[147].

El sujeto, hoy, no sólo resiste sino que avanza en su conquista exterior y en su libertad, gracias sobre todo a su inteligencia y relación cultural. Pero, es necesario contextualizar que todas estas conquistas, desde obtener sus alimentos hasta desviar la trayectoria de un meteorito, son conquistas por la vía *de facto*. No hay otro lenguaje para tratar la materia, porque la materia, y, en mayor concreción la energía, en esencia es fuerza. De ahí que debamos estar muy atentos a la naturaleza del universo en que vivimos, porque es un universo de fuerza y oposición, y así se refleja en todas nuestras actividades cotidianas, todas ellas (si por un instante dejamos al margen los valores morales), son tendentes a la protección de nuestra supervivencia y consecución de liberad. Algo que significa estar en la materia y desviar su fuerza en beneficio de la vida.

Y como es natural, nuestras relaciones sociales también tienen que ver con el reflejo del sistema de oposición universal, porque cualquier actividad humana concierne al movimiento de la fuerza que nos priva lo deseado. Es verdad que existen los actos altruistas, la ética y el amor por los otros, pero, curiosamente, incluso en tales casos la comunicación será mediante la energía de por medio. La madre que cria su hijo lo consigue mediante una entrega de materia, de energía. El comercio en general, funciona mediante la ley de oferta y demanda, que en el contex-

[147] BRIONES, Carlos, "Todas las especies que hemos habitado en este planeta somos descendientes de LUCA, nuestro último ancestro común", *Orígenes*, VV. AA., ed. Crítica, Barcelona 2022, p. 179.

to material no es otra cosa que una lucha comercial para entregar una mercancía a cambio de obtener un beneficio físico representado por el dinero como poder. Todos funcionamos socialmente para cubrir nuestras necesidades y la de los nuestros, dentro de un sistema legal y moral que regula nuestra actividad, que en el fondo, por una parte, es un freno para el cauce de la lucha entre los naturales egoísmos para la supervivencia y, por otra, misteriosamente el nacimiento de valores éticos[148].

Más ampliamente, para comprender la materia todas las leyes, teorías y modelos universales que conocemos son de oposición, tales como los silogismos, las matemáticas, o el propio sistema binario de la informática, cuya estructura nos obliga a observar que la materia no tiene moralidad ni ética, de manera que no existe ningún freno o impedimento natural para toda clase de acciones inteligentes contra los más fundamentales valores reconocidos hoy como *derechos humanos*. Así las cosas, es preciso constatar que no hay límite en las leyes del universo que priven al hombre

[148] Si pudiéramos salir por un momento de nuestra conciencia, de nuestro trabajo, de nuestras relaciones familiares, de nuestras diversiones y de todo lo que podemos entender agradable, veremos que el mundo se mueve por egoísmos y oposición de fuerzas en su propia dirección natural. Ello es tan importante para entendernos que a veces pienso en la metáfora posible de un mundo diferente que en lugar de haber sido creado por energía repulsiva y opositora hubiera sido creado con energía atractiva, agradable y amorosa. Quizás en esta fantasía podríamos ver como los comerciantes intentarían donar sus mercancías para con estas ayudas obtener el beneficio de unos valores morales, anti-egoístas, que por otra parte serian recíprocos para mantener la vida de todos. Sería como un mundo al revés manteniendo la misma ley de oferta y demanda, donde lo apreciable no sería el egoísmo sino los valores altruistas, en suma, la ética de la bondad. Evidentemente que esto no es así, pero sirva cuando menos para poder comprender que vivimos en un mundo donde la materia es el límite de nuestra libertad como sistema de dependencia, y probablemente las matemáticas el límite de nuestra comprensión.

realizar toda clase de desmanes y aberraciones[149]. Y ello es así, porque los valores, como antítesis de la materialidad, no son creación directa de la materia sino genuina creación humana, y ahí está el quid de la cuestión que nos acercará verdaderamente a nuestro ego diferencial.

Así, nuestro mundo exterior, los planetas, los mares, las montañas, y, en suma, el universo entero, todo lo que percibimos a fuera,[150] no es plena realidad sin captar el ser sus *campos de sentido,* sino algo que conforma como somos, nuestra libertad y nuestra retención, nuestra vida y nuestra circunstancia, porque la vida es vocación de supervivencia ante la dependencia. Por ello, todo lo exterior a nosotros, que percibimos nosotros, lo tratamos instintiva y racionalmente para nuestra satisfacción y utilidad a exigencias del conato de supervivencia o aliento vital (Spinoza/Bergson), por cuanto la materia exterior, el universo, sólo lo podemos objetivar con relación a nosotros, y al decir a nosotros, nos referimos a la vida inteligente existente en cualquier punto del espacio/tiempo (evolución) universal.

---

149 BAUDELAIRE, Charles, *Las Flores del Mal, en "El reniego de San Pedro, CXVIII",* ofrece la crueldad del mundo de la fuerza con tal claridad que sugiere por necesidad la existencia del mundo moral y la ética del bien.

150 LÉVINAS, Emmanuel, "De ese 'hay' que persiste no se puede decir que es un acontecimiento de ser. Tampoco se puede decir que es la nada...", *Ética e Infinito,* ed. Visor, Madrid 1991, se corresponde con una entrevista efectuada por Philippe Nemo, p. 44.

7. La pregunta sobre la realidad del *yo* permanente

¿Qué es el *yo* realmente? Este es el tema de las grandes confusiones, o si se prefiere de las grandes discrepancias, desde las mitologías más antiguas hasta las actuales neurociencias. Todas las opiniones son respetables porque engrandecen la vida y probablemente en su momento cristalizaron en costumbres sociales que ayudaron en la integración de los grupos sociales. Y justamente por esta razón, en la búsqueda del *yo*, debemos considerar los avances culturales y científicos de la humanidad, desde el paleolítico hasta nuestros días, por la razón evidente que la historia está nutrida por la acumulación de conocimientos que sin duda no podemos despreciar a propósito de preguntarnos por el *yo* de nuestra persona: ¿Quién soy *yo* realmente?

El alma como concepto de *yo* espiritual ha sido aceptada desde muy antiguo en la prehistoria. *"No obstant això es increïble la persistència de la idea de l'anima, que no s'ha abandonat des del seu descobriment"*[151]. Lo cual en cierta forma es natural, a pesar de la sorpresa de Punset, porque casi nadie quiere morir y la idea del alma, especialmente en el campo religioso, designa el *yo* y por sobresalto la supervivencia del *yo* después de la muerte, con lo cual todas las religiones, y en particular las monoteístas del libro, han sido un verdadero calmante ante la natural angustia por la conciencia de la muerte, cuya clave misteriosa en lógica es el concepto de Fe. Pero no solamente en religión o en filosofía occidental,

[151] PUNSET, Eduard, *L'Anima* és *al Cervell,* ed. Columna, Barcelona 2007 p. 14.

sino que antes de las primitivas civilizaciones se ha considerado el alma como un *yo* espiritual escindible del cuerpo material, imponiéndose la concepción dualista durante largos siglos. Algo que no es de extrañar atendidas las normas sociales y morales religiosas vigentes hasta épocas cercanas al presente[152]. Mas, dejando de momento los argumentos confesionales del *yo* debemos centrarnos en la más plausible definición del *yo*. ¿Qué es exactamente lo que buscamos?

Dicho en sentido inverso, no buscamos ahora en el organismo humano determinadas funciones específicas como el hecho de la conciencia, y tampoco buscamos las circunstancias del *yo*. Lo que realmente intentamos encontrar es quien manda y quien decide en las resoluciones del ser humano dentro del margen de su libertad coercitiva, por estar sujeto al sistema de dependencia de reiterada referencia.

Nos encontraremos con muchas dificultades, y muchas teorías sobre el *yo*, gran parte de ellas de carácter dogmático como las puramente religiosas, que no vamos a negar por respeto, pero nuestro proyecto sobre la exploración del *yo* se halla guiado por los conocimientos humanos, la *causa/efecto* y el *principio de no contradicción,* aunque en ciertos casos, particularmente cuando confluyen las razones filosóficas y las científicas (donde pueden jugar las matemáticas), existen dificultades de ensamblaje[153]. Pero esto ya sería cuestión de desencallar en el futuro.

---

[152] Cfr. ALCARÍN, Nolasc, *El cerebro del Rey,* ed. R.B.A., Barcelona 2001, p 170.

[153] Un tema no resuelto sobre la realidad es el ensamblaje entre el valor de los cálculos matemáticos objetivos y el valor de los sentimientos, tal como Rorty indicaba en *El Espejo de la Naturaleza*. Se puede valorar tener objetivamente las neuronas excitadas pero no su correlativo tener dolor de cabeza.

Estamos pues en que nuestra exploración se dirige hacia la decisión del *yo*, o biológicamente hablando al último resorte desaparejado de energía que decide la acción, partiendo de la base que la naturaleza nos ha liberado de un determinismo generalizado, y en este margen existen realmente decisiones importantes, sobre todo afectantes a nuestra libertad y la de los otros. Pero, antes de llegar a esa área de prospección, conviene recordar que hoy en día, cuando menos a partir de Heidegger, la mayor parte de científicos defienden la teoría integrada del *yo*, con sus diversas matizaciones, pero que en definitiva vienen a decir que el *yo* surge de las propias circunvalaciones cerebrales, sin hallar un hueco para alma,[154] aunque probablemente no es menos cierto que algunos de estos científicos que basan dichas teorías sobre el *yo*, creen en Dios o en la Providencia.

No vamos a rechazar ninguna de estas teorías, porque al fin y al cabo muchas de ellas disponen de bases consistentes en el aspecto neurocientifico, y sin duda descubren un modo de información por el que se nutre la mente para conformar sus decisiones, pero ninguna de ellas, por el momento, describe científicamente y en concreto el *yo* responsable de las decisiones. Entre otras razones porque si la decisión está formada por la diversidad de ***inputs/outputs*** cerebrales, en tal caso la decisión estaría decidida de antemano por el principio matemático de la mayor potencia o presión sobre el órgano decisorio. Y aunque aceptemos que en muchos casos existen dudas o errores en la aprecia-

[154] Seth, Anil, "El yo es una percepción más, otra alucinación controlada, aunque de un tipo muy especial". *La Creación del Yo,* ed. Sexto Piso, Madrid 2023, p. 181, traducción de Albino Santos.

ción de la información, el tema no es ese, sino cuál o quién es el *yo* al que nos referimos al tomar la decisión.

¿Existe? Lo decimos porque todos los datos significativo-informativos del cerebro en su integridad deben ser como mínimo pares si hay libertad de elección/decisión, pues en otro caso estaría determinada por la tendencia sensitivo-cognitivo-emotiva más potente, incluidas las neuronas espejo, y curiosamente dos filósofos de relevancia como son Hegel y Heidegger, afirmaron que "el ser es lo mismo que la nada" y "el ser es lo más vacío y al mismo tiempo la exuberancia". Entonces, ¿en qué quedamos? ¿Nuestro cerebro decide automáticamente? ¿O hay un *yo* no hallado que recibe la información y decide? Sin duda estamos en el centro de la cuestión tratada.

Vamos a detenernos un poco para observar algunas de las teorías sobre el *yo* que ayudan mucho a su acercamiento, como por ejemplo la circunstancia del *yo* orteguiano,[155] el *yo* intercultural y cosmopolita de Norbert Bilbeny[156] o el *yo* integrado de Anil Seth que fundamenta el *yo* en el cerebro. Ninguna de estas teorías concreta el *yo* pero nos ayudarán a introducirnos en la dinámica que nos afecta. Después veremos que responde al *yo* un *chat de I.A.*, y seguiremos con el fondo de nuestra apasionante investigación para hallarlo.

---

[155] Ortega y Gaset, José, "Yo soy yo y mi circunstancia, y si no la salvo a ella no me salvo yo", publicado inicialmente en *Meditaciones del Quijote* 1914.

[156] Cfr. Bilbeny, Norbert, *Per una* ètica *intercultural,* ed. Mediterrània, Barcelona 2002, p. 36.

8. La realidad del *yo* en teorías adjetivas

i) ¿A quién pertenece lo ocurrido? Es el título del libro del filósofo Manuel Cruz[157], que seguidamente plantea la pregunta ¿quién ha sido?, y a poco que se preste atención, no es admisible la respuesta ha sido mi mano, y tampoco basta que un desconocido diga he sido *yo*, pues seguidamente hay la pregunta ¿y quién es usted? llegando a un círculo vicioso. Se trata de conocer el *yo*, de ahí la pregunta directa de claridad meridiana sobre quién ha sido, puesto que el ser humano vive en un universo material. Si conocemos la obra podremos atribuir el *yo*, cuestión fascinante, pues la historia nos ha presentado diversidad de respuestas desde el alma al corazón y del cerebro a los complejos efectos mentales.

Siguiendo a Cruz, Locke refirió el *yo* como un ser pensante inteligente; la interpretación de Hume habla del *yo* como un haz de percepciones, y Kant atribuye el *yo* a que un hombre es algo permanente, un objeto de intuición persistente, todo lo cual nos sitúa en una nueva categoría de identidad "entendida no como mera pertenencia de lo subjetivo, sino como conjunto de determinaciones o rasgos por lo que un sujeto resulta efectivamente identificable por los demás"[158]. Pero esa forma de deducción no localiza satisfactoriamente la realidad del *yo*, más bien sus atribuciones identitarias. Lo que buscamos es el *yo* puro, quien manda, quien decide y quien sabe que es él.

---

157 CRUZ, Manuel, ¿A quién pertenece *lo ocurrido?* Ed. Taurus, Madrid 1995.

158 CRUZ, Manuel, ¿A quién pertenece lo ocurrido?, ed. Taurus, Madrid 1995, p. 280.

ii) Richard Rorty dedujo el *yo* al descubrir por primera vez que el ser humano es el único ser capaz de sufrir humillación. En la perspectiva histórica del Holocausto judío se introduce el concepto de crimen contra la humanidad y humillación,[159] de tal crueldad que aparece como inhumanidad,[160] único concepto, éste, que puede determinar precisamente el propio de Humanidad. Pero la Humanidad en general es un concepto genérico no adecuado para concretarse en el *yo* diferencial objeto de nuestra investigación[161].

iii) Los avances científicos en la neurociencia y en la psicología, son casi todos ellos tendentes a coincidir el *yo* con la conciencia o con la mente o como un efecto cerebral puramente material, rechazando, por consiguiente, cualquier fenómeno espiritual o de alma dualista. Así para Nolasc Alcarín "la emergencia de la conciencia no cabe atribuirla sólo al córtex cerebral, sino al conjunto de estructuras interconectadas desde el córtex hasta el tronco cerebral"[162]. Este criterio parece ser el de la mayoría de

---

[159] Cfr. CAMPS, Victoria, *El Gobierno de las Emociones*, ed. Herder, Barcelona 2011, p. 145.

[160] El mal absoluto, siguiendo a Hannah ARENDT, puede surgir por su propia banalidad, esto es, la ausencia de función racional consistente, lo que produce la despersonalización de víctimas y verdugos, calificándose como deshumanización por la paralización de las más elementales raíces autónomas de la racionalidad.

[161] LÉVINAS, Emmanuel (1971), "El orden mismo de lo humano implica la fraternidad y la idea del género humano. Se opone radicalmente a la concepción de la humanidad unida por la similitud [...] la fraternidad humana tiene así un doble aspecto, implica individualidades cuyo orden lógico no se reduce al orden de diferencias últimas en un género; su singularidad consiste en referirse cada una a si misma" *Totalidad e Infinito*, ed. Sígueme, Salamanca 1987, p 227, traducción de Daniel E. Guillot.

[162] ALCARÍN, Nolasc, *El cerebro del Rey*, ed. R.B.A. Barcelona 2001, p. 211.

neurocientificos y psicólogos, incluido Anil Seth en cuyo libro *La Creación del Yo*[163] presenta una interesante prueba dialéctica sobre la pertenencia del *yo* al cerebro, la cual por su interés merece comentar.

Se trata de un teletransporte futuro al modo de *Star Trek*, lo cual era muy útil puesto que en momentos se podía producir el traslado de las personas a distancias inmensas. El sistema recopilaba todos los datos atómicos de la persona y su cerebro, los transportaba desintegrados a velocidad similar a la luz y llegados al destino se reproducía la reordenación y aparición de la misma persona en el otro lugar. El tema es saber si esta copia exacta era la misma persona, con los mismos recuerdos, emociones, sentimientos, defectos, forma de ser, y el mismo *yo*. Si esto es posible resultaría que el *yo* es básicamente el cerebro, de tal modo que somos puramente materia.

Comprendiendo naturalmente que ello es puramente un juego dialéctico, debemos objetar primero la imposibilidad del experimento puesto que, como anteriormente reflexionamos, no pueden crearse copias del universo. Por cuanto, de hacerlo (suponiendo esta posibilidad), se haría con otros átomos reordenados, los del destino. Y como el universo no hubiera parado en su evolución, la reordenación sería simplemente una fase posterior del cosmos. Luego, la nueva persona no sería materialmente la misma, estaría hecha de otros átomos y en otro "tiempo" evolutivo universal[164].

[163] Seth, Anil, *La Creación del Yo*, ed. Sexto Piso, México 2023.

[164] Rea, Nanda, astrofísica del CSIC en una entrevista (periódico "*La Vanguardia*", Barcelona 23-08-1923) con referencia al sistema general de la

Es cierto que el ser racional puede variar el sentido del universo mediante la creación de los útiles de supervivencia, etc., pero dichas variaciones no son copias, sino transformaciones materiales adaptadas al interés del hombre y de la mujer, son manipulaciones de la materia inerte, y, por tanto, de material sin libre albedrio. ¿Qué pretendemos decir con ello? Pues que la reproducción de un ser manteniendo su libre albedrio no es posible, lo cual no quiere decir que en el futuro la I.A. no pueda crear un monstruo sin ética o con una ética programada. Este es un tema hoy en día recurrente ante la alarma sobre la ausencia de normas en la manipulación de la Inteligencia Artificial.

v) Y finalmente hemos realizado la pregunta ¿Qué es el *yo*? A un *chat* de IA, cuya respuesta con base identitaria es la siguiente:

> "Como una entidad de I.A., no tengo un yo en el sentido humano de la palabra. De todas maneras el "yo" se refiere a la identidad de uno mismo, es decir, como una persona se ve a sí misma y se define en relación con su entorno y experiencias. El yo es el conjunto de características, emociones, pensamientos, y creencias, que una persona tiene y que conforman su personalidad y su visión del mundo".

vi) Como hemos visto, pues, si dejamos al margen las concepciones espirituales del *yo* como alma o espíritu, las cuales conforman los principios de muchas religiones al

---

relatividad comprensivo de las tres dimensiones clásicas, largo, algo y ancho, más el tiempo, recuerda que "estos ejes son un sistema de referencias dinámico. Si una persona se va de un sitio, cuando vuelva su tiempo no es el mismo que el de quien se ha quedado en aquel lugar".

margen de bases científicas, observamos que las restantes teorías identifican el *yo* mediante los signos físicos de la persona y su concepto de identidad, o describen en lógica la imposibilidad de encontrar el *yo* independiente. Vamos ahora a seguir con nuestra propia investigación por el camino del medio, si así puede decirse, esto es olvidando un poco los principios espirituales sin base científica, pero acercándonos en la mayor forma plausible a principios lógicos en las descripciones que hagamos, tendentes a respetar siempre el *principio de no contradicción*, por más que topemos, como es natural, con síntesis inductivas, analógicas o abductivas, inapreciables en forma matemática, como en psicología.

Durante muchos siglos, desde la prehistoria, la humanidad ha creído en el *yo* espiritual o alma más allá de la muerte, desde antes de los campos funerarios de urnas en la península ibérica hasta fechas muy recientes con la proclamación nietzscheana del fin de la historia por el agotamiento de la moral religiosa,[165] y sobre todo con la última tecnología que ha entregado el relevo a la inteligencia artificial. Pero en la misma forma que durante los largos siglos de la edad Antigua y Media era inconcebible negar la existencia del alma, paradójicamente hoy en base al principio de infalibilidad científica resulta sospechosa cualquier afirmación fundada sobre su existencia fuera del *yo* integrado en el cerebro humano.

Son etapas evolutivas de la humanidad consolidadas por creencias que integran un determinado paradigma

---

[165] Cfr. El concepto de "fin de la historia" en Bello, Gabriel, *La Construcción Ética del Otro,* ed. Nobel, Oviedo 1997, pp. 65 y ss.

social, desconociendo para el futuro lo que nos deparará la inteligencia artificial. Pero de lo que no cabe ninguna duda es que la más sofisticada técnica aún se halla muy lejos de la comprensión de la inmensidad de los fenómenos del universo, por lo que la filosofía dispone de un extenso campo dentro de las humanidades y en particular de las relaciones intersubjetivas éticas[166].

9. Especial consideración a la realidad del *yo* en Norbert Bilbeny

Norbert Bilbeny, en una de sus obras,[167] hace un recorrido sobre la evolución identitaria del *yo* al tenor de su pertenencia a los diversos grupos sociales en los que el individuo se halla integrado, destacando varios grados psicológicos por virtud de los cuales el *yo* siente una determinada identidad. Distinguiendo el sentimiento de ciertas identidades primarias impuestas, aunque con fuerte grado emocional, como es el caso de la familia, el lugar de nacimiento con toda su derivación jurídica o legal, e incluso en la prehistoria la pertenencia a una determinada tribu. Todas ellas son identidades imaginativas inconscientes que han sido entregadas al sujeto por imperativos tradicionales. Son identidades sobre las que no se requiere previa reflexión cognitiva. Mientras que en un siguiente estadio podemos hablar de la identidad ciudadana, nacional y sobre todo cosmopoli-

---

[166] Born, Max (1882-1970) "Estoy convencido de que la física teórica es, de facto, filosofía, *My life and my views, 1968,* en cita de José Ignacio Latorre, *La Nada o el Vacío Cuántico,* ed. Batiscafo, Barcelona 2016, p. 111.

[167] Bilbeny, Norbert, *La Identidad Cosmopolita,* ed. Kairós, Barcelona 2007.

ta, si nos atenemos a la necesidad de imaginación cognitiva. Aun cuando cada una de dichas identidades "pensadas" dispone de sus símbolos, la ciudad sus calles y sus recuerdos, la nación sus íconos, etc. La identidad cosmopolita en ausencia de dichas características y por su condición de globalidad requiere ser más pensada, y en consecuencia más consciente en orden a su significancia, mediante la presencia ideal no sólo de las diferentes razas y culturas, sino además de los conocimientos geográficos globales por los que el ciudadano cosmopolita se mueve virtual y/o realmente[168].

De hecho la identidad cosmopolita es sentimental, pero no puramente sentimental, sino cognitivamente elaborada mediante la consideración global del mundo. Y por ello resulta ser una identidad comprensiva respecto de las identidades locales en sus diversas facetas, porque supera la limitación de éstas, sobre todo en lo que respecta a su encerramiento y oposición exterior.

En suma, la identidad cosmopolita bilbenyiana, significa a mi entender, un paso adelante sobre la evolución social del ser humano ante la perspectiva de una globalización ineludible, y por ello, un paso, probablemente necesario, hacia la superación de las fronteras inherentes a la forma cultural de entender el mundo y modificación paulatina de los respectivos controles y pautas culturales hacia su integración. Por ello, puede considerarse el sentimiento de identidad cosmopolita en una doble visión: ética, por cuanto respeta la trayectoria de las identidades locales y na-

[168] Bilbeny, Norbert, *La Identidad Cosmopolita*, ed. Kairós, Barcelona 2007, pp. 104-105.

cionales cuya pauta evolutiva sigue en curso, y sobre todo implanta los cimientos, si los avatares bélicos no lo impiden, a lo que podríamos denominar una protociudadanía mundial para la urgentísima necesidad de la agrupación cosmopolita hacia la reversión el cambio climático, por razones hoy evidentísimas.

Ahora bien, centrados en la significancia del *yo* (no sólo la identidad), como tema que nos ocupa de especial interés, Bilbeny acude al campo más apropiado, y probablemente inédito en filosofía sobre la significación del *yo,* precisamente al tratar la enfermedad del doctor Alzhéimer donde, por causas naturales no bien conocidas, se produce la degradación mental del *yo.* Desde el olvido de quienes son los seres más queridos del enfermo hasta en la última fase el desconocimiento de la propia personalidad, de manera que en el presente ensayo resulta de obligada cita su obra *La Enfermedad del Olvido,*[169] la cual nos deparará alguna sorpresa, quizás no tanto por la valoración ética de la persona en su habitual línea como reconocido profesional de la filosofía, sino en el encaje del *yo* en todo ese complejo engranaje de la personalidad, porque "si el yo fuese esencial para la persona el enfermo de alzhéimer, por ejemplo que ha perdido la capacidad para decir 'yo' y pensarse como tal, ya no podría ser calificado como persona"[170].

Por lo tanto, si aceptamos de antemano que el enfermo, y en parecido caso el bebé, dispone de una valoración ética como persona sin el *yo,* resulta evidente que el *yo* pue-

[169] BILBENY, Norbert, *La Enfermedad del Olvido —El mal de Alzhéimer y la persona—* ed. Galaxia Gutenberg, Barcelona 2022.

[170] Ibid. p. 95

de formar parte de la personalidad y de la tendencia identitaria, pero no descarta en absoluto su valoración, ya que se halla envuelto por una *personeidad* dignificada por el reconocimiento de los otros, no tanto como terceros ajenos sino como reintegrantes del valor como persona, con lo que Bilbeny no deja duda sobre la primaria dignidad de la persona, que a su vez dispone de diversas capas como la identidad emotiva o cognitiva, la personalidad o carácter, y el *yo* como representación, pero en su ausencia por causa de la enfermedad de alzhéimer resta incólume la *personeidad* como dignidad.

Bien, observamos que la enfermedad de alzhéimer puede anular el *yo*, pero mientras exista: ¿Dónde está el *yo*? Porque el tema que nos ocupa es precisamente la naturaleza del ego. Pero ahí el profesor de Chicago nos lo aclara: "El *yo* existe, porque el *yo* habla de sí, y también para sí, en el interior del individuo", y a continuación, me parece que en la estela kantiana, y desde luego, de conformidad con las más concurridas posiciones neurocientificas contemporáneas, define el *yo* inconcreto, vacío, como idea resultante de la complejidad mental, obsérvese:

> "... es aquella representación ideal que el individuo se hace de sí mismo como una unidad permanente de pensamiento y voluntad, y por la que se piensa y siente diferente de otros individuos. Como *representación* ideal, esto es, la de un objeto que no está 'a la vista', el yo es fruto de la imaginación"[171].

[171] Bilbeny, Norbert, *La Enfermedad dl Olvido,* ed. Galaxia-Gutenberg, Barcelona 2022, p 94.

Sin embargo, a los enfermos de alzhéimer llega un momento que el *yo* desaparece. Luego, el *yo* perdido si bien formaba parte mediante una serie de capas del núcleo de la personalidad en su asignación de carácter, identidad y sobre todo representación del sí mismo, por su pérdida queda demostrado que no es el centro de la persona, su *personeidad,* que en tales circunstancias es su máxima dignidad. El vulnerable cuerpo del enfermo, la persona que aún permanece (en lo que Emmanuel Lévinas denominaría su *pasividad*), es un templo de dignidad.

10. La filogénesis del *yo* como realidad

Como hemos visto, una de las conclusiones más precisas obrantes en la historiografía sobre la realidad del *yo* de la vida resulta ser la incapacidad de hallarlo en forma concreta e independiente. Así que el *yo* como el vacío de Heidegger está vigente, por más que en la actualidad sostengamos el paradigma del *yo* integrado a la complejidad cerebral, tema científicamente muy tratado pero aún sin ninguna conclusión sobre el teórico funcionamiento unificado del *yo*, y mucho menos el conocimiento en orden al sistema de deliberaciones y decisiones mentales, sobre todo el comportamiento en el campo de los valores y creencias.

Pero el vacío del *yo* de Heidegger es exuberante, lo cual quiere decir traducido en lógica, que tenemos los efectos pero no la causa, tales como sus obras, su identidad, y su forma de ser. Nos falta conocer a quien pertenece lo ocurrido, y en esta dirección debemos acércanos al conocimiento de la naturaleza de lo ocurrido, con el fin de aproximarnos al *yo* causante.

Como en ninguna forma podemos eludir la realidad física del *yo* respecto a sus efectos, toda vez que vivimos en el universo evolutivo de la materia y de la fuerza, es necesario por exigencias de esta realidad física en movimiento, analizar la naturaleza causal de las obras conocidas del *yo*. Y lo primero que podemos observar es que pertenecen a un sistema potencial de libertad diferente al sentido de la causalidad conocida en la evolución universal.

Imaginemos por un momento toda la realidad visible desde la terraza de nuestra casa, sentados cómodamente con los ojos alcanzando hasta el horizonte. ¿Qué realidad vemos? Podemos observar los movimientos de la naturaleza, tales como el sol o las nubes, la lluvia, el día o la noche, etc. ¿A quién deben atribuirse causalmente tales cosas? Al cosmos, a la energía del cosmos en su natural dirección evolutiva. Ahora prestemos atención a otras cosas visibles desde nuestra terraza, como las casas, las carreteras, los automóviles, los aviones, etc. ¿A quién deben atribuirse causalmente tales cosas? Sabemos que no obedecen al sistema causal inmaculado del universo, sino a la causalidad del *yo* desviando la naturaleza de su dirección originaria o entrópica. Por tanto, pertenecen a un sistema de libertad aparentemente independiente. Estamos en presencia de una obra fundada en una libertad especial, la que habitualmente se define como libre albedrío dentro del sistema de dependencia. Luego, si bien aún no hemos localizado el *yo* que manda y decide, sabemos que su carácter distinguible es el de la libertad en contraposición con la ausencia de libertad de los objetos materiales que deben seguir el flujo causal mandado por la evolución universal, de ahí la inicial diferencia entre objetos y sujetos.

En tales circunstancias, a nuestro entender, el yo está constituido por la *fuerza*, el *yo* es la *fuerza energética* que desde el primer momento en que se desdobló la dirección entrópica para formar el primer grumo de vida organizada se ha mantenido constantemente impulsando la vida a través de toda su evolución hasta el ser racional. El *yo* es esta *fuerza* como sentido de organización y control de la homeostasis y metabolismo frente a la agresividad exterior. Es el que nos hace la pregunta por el *yo*, es con quien muchas veces hablamos en solitario, y en definitiva es quien puede practicar con imaginación las matemáticas y quien decide el razonamiento de la lógica y de la *causa/efecto*. Por ello parece invisible e inaccesible.

Esta fuerza no debe confundirse con el reflejo inherente al propio cometido cerebral en sus funciones sensitivas, cognitivas o emotivas, la cual complejidad se exhibe erróneamente como definición resolutoria de la subjetividad, ya que el *yo* es la energía que sostiene tal movimiento orgánico. Y sobre todo, es el remanente energético de vocación que rompe la paridad observable en el universo desde la *causa/efecto* inicial, es el residual desconocido procedente del impulso previo del *Big Bang* transformado en cierta independencia y libertad por virtud del giro vital, y en este sentido puede decirse que la naturaleza del *yo* es la trazabilidad de la *fuerza* de la Singularidad.

Naturalmente que dicho aserto no dispone de la correlativa teoría neurocientifica hallándose en el estadio filosófico, mas, el *yo* como energía, se mueve. Y descartando cualquier fundamento desconocido, la *fuerza/energía* es el único candidato como protagonista de nuestro *yo*. Es más, ni la filosofía ni las ciencias naturales pueden dar respuesta al concepto de *fuerza* causal de la Singularidad.

Por ello los especialistas en inteligencia artificial ya han descubierto lo que denominan el "valle inquietante", en el sentido que no se puede reconocer la mirada de un robot como ser humano, por más perfecta que sea su construcción artificial, y a ello podríamos añadir la necesidad de deshumanizar tratando al otro verbalmente como bestia, o señalándole con signos y formas degradantes para lograr la deshumanización antes de asesinarle, como sucedió en el Holocausto en la segunda guerra mundial, porque la mirada de la víctima muestra la misma procedencia humana como energía genuina y traza del *exterior*.

Pero, en orden a su carácter, el *yo* dentro de su imperio de millones de células "esclavas" y su capacidad de inteligencia, que a través del tiempo de la evolución ha ido adquiriendo, domina y decide. El *yo* no es ninguna espiritualidad etérea sino energía que significa *fuerza*, lo cual por otra parte parece consecuente con todo el sistema que conocemos en que está formado el universo. No cabe duda pues que el carácter del *yo* es dominante para la expansión de su voluntad frente a lo exterior como observaremos a continuación al tratar el proceso evolutivo de la vida. El peligro es que una vez logrado el dominio de la vida inteligente con el *homo sapiens sapiens*, el afán de dominio heredado se vuelva contra sí mismo, consecuencia de la inercia genética, pero ahí estará la propia libertad que nos ha engendrado la Singularidad.

Luego: ¿Qué es la libertad que caracteriza nuestro *yo*? A través de la historia el concepto filosófico de libertad ha tenido cierta evolución, así en la época griega y romana la libertad concernía básicamente al ser libre frente al esclavo, pudiéndose entender como libertad en su sentido originario, y posteriormente en la historiografía el concepto de libertad se halla concernido a la libertad psicológica y sociológica, esto es la libertad del ser condicionado por los otros seres, y en este sentido podemos hablar de libertad jurídica, libertad moral, etc. en función de las categorías que deseemos introducir por su relevancia. Sin embargo, antes de llegar este proceso socio-psicológico, conviene centrarnos en el comienzo de la vida, en la libertad previa del *yo*, la física, si lo que intentamos es seguir su filogénesis causal, pues resulta evidente que existe un primer momento en la evolución universal en que un grumo de átomos y un poco de energía, por así pensarlo, conforman unas moléculas que discrepan del sentido entrópico de la fuerza imperante en el cosmos y surge la vida.

Aun cuando en la década de los años cincuenta del siglo pasado se creyó haber logrado en laboratorio la vida artificial, hoy en día esto no se ha conseguido, salvo algunas macromoléculas tales como proteínas o aminoácidos, y probablemente se está lejos aún de hallar la fórmula mágica por la que el cosmos se auto-transformó en libertad para finalmente verse y comprenderse a sí mismo. En todo caso la divergencia fundamental de la vida hubo de consistir en la creación de un protoplasma impulsado por una fuerza de permanencia y por ende de autoreplicación para evitar las naturales oxidaciones y así mantenerse en la vida.

Luego, la vida consiste en un impulso vital para mantenerse en una dirección de libertad, el famoso *conatus essendi* spinozista, aumentando la libertad frente a cualquier contradicción ante el sistema material del que depende. Este impulso es apreciable en la Tierra desde hace unos 3800 millones de años cuando al parecer nació la primera forma de vida, siguiendo después la evolución de las especies, hasta llegar al homínido actual el *homo sapiens,* que no es mucho más que un primate superior inteligente, hace unos 200 000 años.

No podemos dentro de los límites del presente ensayo, en este contexto filosófico en búsqueda del *yo*, desarrollar a la luz de bibliografía de paleontólogos la evolución, en la parte conocida, de las especies ni la más reciente transformación de los primates hasta el hombre de Cromañón[172]. Pero en la misma forma que en el momento de poder comprender, siquiera a efectos nemotécnicos, las bases de la inteligencia humana por virtud de la trilogía observada desde la *congelación del tiempo*, ahora al desarrollar los componentes de la libertad en el *yo* vivo, vamos a distinguir, para la mayor comprensión, tres fases de la vida biológica y subsiguiente modo de libertad, consistentes en la vida primitiva desde la primera bacteria designada científicamente cómo LUCA; una siguiente fase con la aparición de los primeros cerebros hace unos 500 millones de años, y finalmente nosotros, nuestra aparición como seres racionales que nos conduce a la más profunda complejidad deliberativa sobre nuestra libertad, que será el tema central de nuestra investigación sobre el *yo*. Estas divisiones o fases de

[172] Vid. Frans De Wall, *Primates y Filósofos (la evolución de la moral del simio al hombre),* ed. Paidós, Barcelona 2007; Juan Luis Arsuaga/Ignacio Martínez, *La especie Elegida (la larga marcha de la evolución de la humanidad),* ed. Círculo Lectores 1999; Eudald Carbonell, *El futur de la Humanitgt (decàleg per a la supervivencia de la nostra espècie),* ed. Ara Llibres, Barcelona 2022.

estudio del *yo* no son aleatorias ni gratuitas, puesto que a la ampliación de los ámbitos de libertad preceden los cambios morfológicos, funcionales y, en suma, bioquímicos de los organismos vivos.

Cuando apareció nuestro primer ancestro de vida en la Tierra, el universo hubo de realizar un giro fundamental, tal como iluminar la inmensa oscuridad del cosmos, porque de mantenerse las condiciones medioambientales, esa minúscula fuerza de autoafirmación en la Tierra y en otros planetas, llegaría a ser vida inteligente. Pero lo interesante de este primer momento, es que surge un *yo* de la vida que consiste en una libertad que, mediante las mutaciones de la evolución, se irá forjando hasta proyectar una vocación de esa libertad sin límites.

Este punto es de gran interés para comprender la naturaleza y carácter de la libertad de la vida, física y biológicamente engendrada, esto es una vocación sin límites de ejercer la fuerza frente a todo lo exterior, necesaria en defensa del *yo,* dentro de su sistema de dependencia. Lo cual traducido reductivamente quiere decir que el lenguaje significativo físico inicial de la vida es la *fuerza,* y por ello la vida es consustancial a la *fuerza,* constante lucha, donde el más fuerte frente a la naturaleza vive y el más débil da lo que tiene que dar. Esta forma/lenguaje de comunicación cuya significación y paradigma es la fuerza física creará finalmente carácter al hombre inteligente, por su filogénesis y por su sistema de dependencia en constante lucha contra el sentido entrópico general. *Esse es ineresse*[173].

---

[173] LÉVINAS, Emmanuel, *Otro modo que Ser,* ed. Sígueme, Salamanca 1987, p. 46, traducción de Antonio Pintor-Ramos.

Anteriormente hemos visto la evolución de las estrellas para la formación de átomos y la expulsión de la nebulosa planetaria, llegando probablemente muchísimos millones de planetas a formar un medioambiente climático favorable al nacimiento de la vida. Lo dicho significa causalmente que la vida procede del sentido cosmológico. Así debemos reconocer el primer gran giro cosmológico protagonista de la inédita libertad, consistente en permanecer en la vida, reproducirse para mantenerla y, sobre todo, ampliándola mediante la adaptación a células eucariotas, implantación de reproducciones sexuales, formación de los primeros seres vivos animales como las esponjas, etc. etc. hasta la primera aparición de animales con cerebro primitivo.

¿Fueron casuales todas estas adaptaciones hasta la aparición de animales intuitivos? Naturalmente que no, fue la aparición del primer *yo* quien ordenó las defensas y mutaciones orgánicas necesarias para el progreso en la vida, lo cual puede sobrentenderse si aceptamos que la pulsión de libertad del *yo* como autoafirmación es absoluta, sin límites. Esta es una de las paradojas que nos ha ofrecido la naturaleza sobre la ausencia de límites en la libertad vocacional del *yo*.

Esta primera libertad inicial de la vida, que podríamos denominar de las mutaciones, fue lenta evolucionando a través de millones de años, pero desplegando perfectamente el *yo* sus funciones al tenor de las circunstancias y capacidad concurrente, de modo que su mandato realmente estuvo siempre en los límites de sus posibilidades frente al natural sistema de dependencia. A lo cual debemos añadir la primera concausalidad del mandato original del *yo*, consistente en ego-absorción sistemática de mejoras orgánicas para una superior defensa, lo que traducido en la práctica significa un conocimiento real sobre la mejor permanencia en la vida acumulando mejores sensores orgánicos. Dicho en otras palabras, el primer *yo* de la vida también era inteligente en otra esfera, puesto que no en otro modo podría entenderse la programación variativa de sus mutaciones para alcanzar mayor poder, adaptación y libertad sucesivamente[174].

Este impresionante egoísmo del *yo* tuvo sus consecuencias a principio del Cámbrico hace aproximadamente unos 500 millones de años con la aparición de los primeros cerebros y formación de animales con autonomía posicional, centralizando la cabeza y apareciendo la cola, algunas extremidades y desarrollando paulatinamente sentidos, ojos, trompas, espinas, etc. En esta segunda fase que comprende la animalidad desde los ancestros en el Cámbrico hasta la aparición del animal racional, el *yo* obtuvo una mayor libertad real. No tan sólo por la aparición de la movilidad, sino especialmente por la intuición/instinto cerebral. La intuición[175] es un grado previo a la racionalidad, pero

[174] DARWIN, Charles ya lo predijo en el XIX, vid. *El Origen de las Especies*, ed. SARPE, Madrid 1983, pp. 135 y ss.

[175] La intuición en filosofía ha dispuesto históricamente de diversas visiones, en síntesis muy resumidamente, Platón habla de pensamiento puro al diferenciar el discursivo; Aristóteles se refiere a la intuición intelectual de los primeros principios o esencias universales; en el empirismo se matizó que esta evidencia intelectual sólo podía tener consistencia con el conocimiento sensible; Kant en la "estética trascendental" de *Crítica de la razón Pura* limitó la intuición al mundo fenoménico, la intuición empírica es la aceptación del objeto por la sensibilidad, y la pura es la exigencia trascendental; en el idealismo de Hegel y Fichte se aceptó la intuición intelectual mediante la confusión de sujeto y objeto; Bergson interpreta la intuición como posibilidad

muy superior en libertad a la capacidad decisoria de sus ancestros los animales multicelulares sin cerebro, y ahí es donde entendemos que se observa por primera vez en el *yo* del ser vivo la *congelación del tiempo* como previo paso a la inteligencia racional.

La intuición como instinto es la instantánea reacción animal por ejemplo frente a un evento exterior agresivo, esto es, la comprensión del evento sin intervención inteligente. De hecho todos los animales en sus diversas formas y especies tienen bien asentado el instinto defensivo, de tal modo que reaccionan rápidamente ante cualquier peligro. Se trata de una reacción podríamos decir automática, sin pensar. Lo cual no quiere decir que no disponga su propia circunvolución cerebral, porque desde la primera percepción de *inputs* sensoriales hasta la transferencia cerebral de la imagen de peligro en su correspondiente clasificación y consecuente activación defensiva ha transcurrido un tiempo, poco, pero el propio y natural de la velocidad en que operan los procesos neuronales. Así, en los humanos, procesar una imagen requiere 13 milisegundos,[176] pero el potencial de velocidad de las fibras nerviosas oscila entre los 120 m. por segundo. Luego la intuición es casi instantánea y no requiere la deducción inteligente, por disponer una activación mental probablemente conectada de la imagen

---

de acceder el espíritu humano al centro de las cosas, y Husserl se refiere a la intuición *eidética* como conocimiento de la esencia, tema profusamente tratado por su alumno Emmanuel Lévinas en la tesis sobre *Théorie de l'Intuition dans la Phénoménologie de Husserl*, ed. Vrin, Paris 1989. Con todo, hoy la neurociencia nos ha ofrecido unas más amplias perspectivas de conocimiento.

[176] Cfr. ALCALDE, Jorge, https://www.larazon.es/sociedad/ciencia/a-que-velocidad-funciona-el-cerebro-AK23295445/

percibida hacia los mecanismos neurológicos de reacción muscular. Con todo, el instinto obedece a unos patrones mentales consolidados, mientras que en la intuición estamos en presencia de un proceso cognitivo no racional fundado en información subconsciente acumulada.

Empero la gran diferencia del proceso intuitivo resulta de la necesaria representación exterior, cuya "fotografía" ideal implica por vez primera la captación de un tramo del universo exterior, el del instante evanescente del *input,* y si bien tal imagen proyecta directamente los *outputs* defensivos sin un proceso deductivo, no es menos cierto que por primera vez el *yo* vital ha *cortado el tiempo* sonsacando la imagen de un instante exterior, por más que sin consecuencias deductivas en sentido lógico ni reminiscente, al disponer la estratificación empírico-cerebral de la *causa/efecto* innatamente observada de la naturaleza.

La capacidad de instinto/intuición en los animales es y representa, pues, un grado superior de libertad respecto de sus antepasados ancestrales, lo que nos desvela al carácter del (*yo*) v*acío exuberante* heideggeriano, como *fuerza egoísta de libertad absoluta*. Este es el carácter del *yo*. El *yo* es un tirano de su libertad, y por consiguiente las consecuencias del *yo* en la observación de su filogénesis son arrebatadoras sin límites de crueldad visto desde nuestra extraordinaria perspectiva[177].

[177] En la naturaleza no existe la crueldad, y en muchas ocasiones la llamada aleatoriedad es la probabilidad sobre un acontecimiento, como ha sido el caso de la evolución de las especies interconectadas mediante la cadena trófica hasta la aparición de los homínidos racionales..

Nos resta ahora la descripción de la última fase de la filogénesis física del *yo* concerniente a la aparición del hombre moderno, nos referimos al *homo sapiens* actual, procedente del continente africano hace unos 200 000 años aproximadamente, sin que al parecer durante este tiempo histórico se hayan producido modificaciones morfológico-cerebrales significativas al tenor de los restos arqueológicos descubiertos,[178] lo cual en ninguna forma significa estancamiento cultural. Antes al contrario los avances logrados gracias a los descubrimientos obtenidos en las diversas etapas prehistóricas e históricas, y consecuentes modos de relación social, política y normativa, desde la agricultura y ganadería hasta las sondas a Marte, siguen siendo consecuencia del gran impulso del *yo* insaciable en su afán de libertad.

Los cambios filogenéticos por los que nuestro *yo* ha logrado todos los avances científicos son consecuencia de la aparición de la capacidad intelectiva en el aspecto biológico (si por un momento dejamos al margen las evoluciones culturales), fundamentados básicamente en la configuración de la trilogía anteriormente mencionada, concretada en el sistema operacional consistente en la (i) representación o captación representativa, (ii) el registro memorístico/re-

[178] Cazeneuve, Jean, «Du point vue physiologique, le home aujourd'hui est tel qu'il était lorsqu'il apparut sous les traits de l'homme de Cro-Magnon, de Grimaldi, de Chancelade, c'est-à dire *de l'Homo sapiens,* dont les plus anciens vestiges, découverts dans la grotte de Quafzeth en Israël, son vieux de cinquante mille ans. L'enfant a sa naissance, est toujours le même, toujours aussi frêle qu'il y a cinq cents siècles, disposant de même Equipment cérébral, des mêmes possibilités. Seule l'éducation qu'il recevra, l'instruction qu'on li donnera, la nourriture matérielle et spirituelle dont il bénéficiera feront de lui un être diffèrent». *La Raison D'Être,* ed. Albin Michel, París 1981, p. 162.

miniscente y (iii) la comparación inteligente hasta lograr la síntesis por virtud de los principios de causa/efecto y A = A[179]. Esto ha sido, a mi modo de ver, el salto quizás definitivo en el aspecto biológico mutacional desde la pequeña australopitecus Lucy encontrada hace unos 3,2 millones de años en la actual Etiopia, hasta el actual hombre moderno de Cromañón del paleolítico superior[180].

[179] Esta trilogía de la inteligencia y por ende de la conciencia, no es el *yo*, antes al contrario, es un funcionalismo causalmente físico o, si se quiere, bioquímico, que significa un primer paso hacia la libertad del *yo*, en contradicción con los tres pilares del yo de Fichte, descritos por Markus Gabriel, consistentes en (i) Yo = Yo como principio de identidad de quien sabe algo (probablemente tras Descartes); (ii) Yo =/= No Yo es decir lo que no es yo es todo lo demás o materia inerte, y (iii) Yo = Yo divisible, referido que el conocimiento del yo (no su representación) es divisible mediante la comunicación a otros Yo, pues si el Yo es conocimiento será divisible con la transmisión. Vid. GABRIEL, Marcus, *Yo no soy mi Cerebro,* ed. Pasado/Presente, Barcelona 2016, pp. 202-210, traducción de Juanmari Madariaga.

ZUBIRI, Xavier, por su parte, dicho muy brevemente, hace una distinción entre realidad como sistema de notas que denomina respectividad, por ejemplo en el hierro serían sus componentes físicos y químicos, pero el ser es una reactualidad, verbigracia si el hierro pudiera hablar diría *yo* soy hierro. El hombre es un ser viviente pero que se comporta con las cosas y consigo mismo en tanto que realidades como tal, ahora bien esta realidad personal puede entenderse desde dos puntos de vista, desde la forma de la realidad que cada persona tiene por ser persona, y desde el punto de vista de la afirmación de esta realidad, esto sería su ser, y en el caso del hombre tiene un nombre preciso *Yo*. Cfr. ZUBIRI, Xavier, *Tres dimensiones del Ser Humano*, ed. Alianza, Madrid 2006, pp. 3-10.

[180] LÉVINAS, Emmanuel, "Así pues, la conciencia es una ruptura de la vigilancia anónima del *hay* [el universo] que constituye ya una hipóstasis, que remite a una situación en la que un existente entra en relación con su existir". *El Tiempo y el Otro,* ed. Paidós, Barcelona 1993, p. 88, traducción de José Luis Pardo. Asimismo Cfr. en *Totalidad e Infinito,* ed. Sígueme, Salamanca 1987, pp. 106, 131, 142, 144, 145, 170, 182, 183, 196, 251, 263, 288; en *Otro Modo que Ser,* ed. Sígueme, Salamanca 1987, pp. 61, 72, 76, 85, 86, 87, 98, 139, 140, 144, 149, 163, 167, 199, 201, 239; en *De Dios que viene a la Idea,* ed. Caparrós, Madrid 1995, pp. 108, 110, 116, 170, 172, 254, 273.

La aparición de la inteligencia probablemente ha sido la culminación de la libertad biológica del *yo* (ya se verá con la inteligencia artificial), cuyo significado, en los entresijos de una rara formulación, se concreta en las matemáticas, como herramienta para el entendimiento de la materia universal, con límites por arriba y por abajo, o dicho en otra forma, para la comprensión de la voluntad causal de la materia significada por la energía y consecuente fuerza.

Llegados a esta altura termina la filogénesis física del *yo* en la constitución del hombre moderno, nosotros, desvelando así que la libertad absoluta cuaja en la aparente vacuidad del *yo*, de modo que: "El alfa y el omega de toda filosofía es la libertad"[181], en el bien entendido que justamente tan excepcional facultad conlleva en el ser humano una verdadera responsabilidad en su más genuino ejercicio inteligente ante la presencia del otro, de los otros y de las otras sociedades. Algo que curiosamente en el aspecto puramente neurobiológico se ha descubierto con las llamadas *células espejo* como interiorización de la pulsión psicológica del daño ajeno.

Por tanto, el camino de la libertad del *yo* no termina en su propia tiranía, pues siguen nuevos retos científicos, y morales que conforman el modo de nuestra convivencia social, compartiendo la esencia libre del *yo* con nuevos horizontes, no siempre morales, puesto que la moralidad sería el efecto, sino nuevos caminos de libertad, porque no estaba escrito que la libertad engendrada de la vida no pu-

[181] Carta de Schelling a Hegel el 4 de febrero de 1795, en *Correspondencia: Kant, Fichte, Schelling, Hegel,* Bogotá: Universidad Nacional de Colombia, en cita de Gabriel, Marcus, *Yo no soy mi Cerebro,* ed. Pasado/Presente, Barcelona 2016, p. 293.

diera compartirse con los otros o con lo que Fichte denomina el *yo* divisible. Así que la evolución darwiniana no termina en la biología pues con toda seguridad seguirá hacia un cruce de nuevos caminos representado por el transhumanismo de la inteligencia artificial y la evolución ética, con lo cual el *yo* se enfrentará al ejercicio de mayor libertad en función de los caminos elegidos.

En resumen, desde la vida original en la Tierra hasta nosotros, el ser vivo ha conseguido distintos grados de libertad. La libertad primitiva con la aparición de la vida supuso un desvío del sentido energético natural para concentrar esta fuerza en un centro orgánico con tendencia ordenada y egoísta; con la aparición de los primeros animales con cerebro se logró no solamente mayor movilidad sino la capacidad de "fotografiar" cerebralmente lo externo para conveniencias propias defensivas, y con la última aparición de los seres humanos racionales hemos logrado, mediante el sistema inteligente, una mayor libertad para conocer el cosmos y desviar sus fuerzas energéticas a conveniencia de nuestra supervivencia. Si hiciéramos un diagrama de la evolución de la vida, observaríamos como la curva de la libertad ha ido ascendiendo paulatinamente hasta llegar al grado máximo con la aparición del ser racional inteligente.

Pero, nótese que en el ejercicio de esta libertad física no hemos desobedecido totalmente las leyes de la naturaleza, sólo hemos desviado su sentido energético a conveniencia de nuestro *ego*, creando un sistema de orden frente a la entropía. Con lo cual, es plausible, si aceptamos el principio de causalidad, tener dudas sobre un cierto determinismo. Pero, la cuestión de la verdadera libertad, más allá del parcial determinismo físico, y ahí está la clave, surgirá con la presencia de los otros y el trato que nuestro *yo* prescriba a la alteridad, en un entorno social donde conceptos tan inaccesibles como la bondad y la maldad tomarán el máximo protagonismo.

Capítulo IV
Prospección evolutiva de la causalidad instintiva a la lógica

1. Introducción

El presente capitulo pretende ser un complemento de la anterior descripción evolutiva físico-biológica del *yo,* pues, con vistas a la aparición de la racionalidad resulta de interés observar la traza de la configuración más genuina de la naturaleza en los primates hasta el *homo sapiens.* Esto es, la gran diferencia hacia la vida inteligente, que a nuestro criterio fue articulándose evolutivamente mediante un proceso neurocerebral de mutaciones y cultural en los primates. Las siguientes meditaciones no pretenden acuñar ninguna teoría sobre el particular, sino ofrecer una cierta prospección sobre los enlaces que han motivado el acercamiento evolutivo a la vida inteligente, basados a nuestro entender en las situaciones empíricas y experienciales vividas por nuestros ancestros.

Nos estamos refiriendo a la *causalidad* como captación del universo exterior y principio evolutivo cerebral, inicialmente del instinto, y después de la intuición y la lógica, nacido por la primera posibilidad en los animales con cerebro de captar (fotografiar) sucesivamente y retener simbólico-emotivamente en el cerebro la situación exterior, lo que significó la doble congelación mental del tiempo y consiguiente experiencia sobre el comportamiento regular de la naturaleza a través de su cambio causal evolutivo, con subsiguientes adaptaciones en las redes neuronales y herencia generacional impulsada por las correspondientes mutaciones.

Esa situación fue la absoluta implicación de la vida del ser en el tiempo para su adaptación al universo y consecución de más libertad, por ello decimos que el universo es par en la medida que es en la paridad la apertura que la vida ha dispuesto para su conocimiento exterior. Posteriormente al devenir nuestra generación de *homo sapiens,* y antes posiblemente de *neandertal,* las sucesivas representaciones exteriores fueron configurando la ampliación de unos resultados derivados del *principio de causalidad* cuya comparación exterior devino en la intuición y sobre todo en la plena posibilidad de silogismos, atendida la mayor capacidad de abstracción y conocimiento cultural.

Sin embargo, el *principio de causalidad* y, en alguna forma los principios de la lógica, han sido abordados indistintamente en la historia de las ciencias. Diríamos que no tan cercanos al componente empírico que mantenemos en el presente ensayo, ofreciendo aún hoy en día el *principio de causalidad* muchos debates y la lógica unas tendencias formales probablemente distanciadas de la visión fundada en una arqueología empírica.

2. La causalidad cósmica y el vacío universal

En capítulos anteriores hemos aceptado en conceptos tales como la evolución universal (tiempo), representación, reminiscencia, conciencia, etc. el tácito reconocimiento del principio *causa/efecto* como elemento constitutivo de la inteligencia, y por consiguiente del ser racional. No obstante, existen diversas teorías sobre el principio de causalidad,[182] de manera que vamos a reflexionar sobre la postura que mantenemos: ¿Qué es el principio de causalidad? Y lo decimos porque si no todas, casi todas, las teorías científicas y filosóficas tienen que ver en alguna forma con dicho principio, de modo que no estamos en presencia de una banalidad.

La relación de *causa/efecto*, resumidamente, se refiere básicamente a dos aspectos, el modo de lenguaje causal que utilizamos habitualmente y si hay una relación en la naturaleza que conecte la causa con el efecto. David Hume (1748) ya nos advirtió que si al evento A le sigue la ocurrencia del B reiteradamente el segundo acontecimiento no

---

[182] Vid. Miguel, Hernán, 2019 "*Teorías contemporáneas de la causación*", en *Diccionario interdisciplinar Austral,* editado por Claudia E. Vanney, Ignacio Silva y Juan F. Franck, URL = http://dia.austral.edu.ar/Teorías_contemporáneas_de_la_causación

habría existido sin previamente el primero,[183] lo cual parece de sentido común referido a las comprobaciones empíricas de la naturaleza, aunque dicho planteamiento debido al orden de prelación entre la causa y el efecto conllevaba un lapsus "temporal" por necesidad. Y contradictoriamente según algunas interpretaciones teóricas sobre la segunda ley de Newton, resultaría que entender que la causa precede al efecto conlleva ciertas dudas, porque la aplicación a una partícula de una fuerza actuaría su aceleración inmediata anulando la prelación de la causa con el efecto.

Con independencia de ello, dentro de las múltiples teorías de la causalidad,[184] hay otro tema resultante de atender la parte psicológica de todas estas operaciones, pues la corriente llamada regularista está necesariamente emparentada con la llamada corriente contrafáctica[185] relativa a la participación del pensamiento humano en el análisis de toda esta problemática causal, de manera que nos estamos centrando en una importante complejidad, cuando menos para el conocimiento de la mecánica fundamental de la teoría de la causalidad física.

Vaya por delante advertir que en la primera conclusión de una de las más recientes tesis doctorales (Roberto Ávila) sobre la materia, se afirma que "no se ha podido demos-

---

[183] Vid. HUME, David, *Tratado de la Naturaleza Humana,* tomo I, ed. Orbis, Barcelona 1984, p. 175 y ss., traducción Félix Duque.

[184] Vid. CARNAP, Rudolf, (en positivismo lógico) *Fundamentación Lógica de la Física,* ed. Orbis, Barcelona 1985, pp.161-193, traducción Néstor Miguens.

[185] La historia de los contrafácticos afecta a temas varios de filosofía de la lógica, filosofía del lenguaje, teoría del conocimiento etc. entrando en un mundo condicional de lo que pudiera haber sido.

trar que exista un vínculo objetivo (Hitchcock 2003) que cumpla de forma universal las funciones de transmisor de influencia o de vehículo de cambio"[186]. Lo cual no significa necesariamente que no exista, puesto que si existe una evolución "regular" universal que nos permite advertir la *causa/efecto* en la naturaleza, tal movimiento será consecuencia de algo objetivo, o quizás solamente psicológico, pues en caso contrario presuntamente no existiría la evolución universal ni el constante desarrollo técnico en los campos científicos de las diversas disciplinas. Pero claro, recordemos que según algunas interpretaciones sobre Newton la fuerza aplicada a la materia puede implicar su aceleración inmediata, y ahí tenemos un problema. ¿Cómo resolverlo? ¿Cuál es el nexo de unión entre la causa y el efecto, o realmente no existe?

Lo que sí es cierto, y vayamos por la parte quizá más fácil o evidente, es que si nosotros como seres racionales observamos y memorizamos el estado de situación del universo en sucesivos tramos o diversos "tiempos", nos ofrece comparativamente un cambio o transformación regular en la forma descrita por Hume, de modo que podemos deducir a través del comportamiento inteligente definido por la trilogía *representación-reminiscencia-comparación* el significado de la síntesis que conlleva necesariamente al principio de no contradicción. Y, por consiguiente, también es cierto que el universo nos aparece en movimiento o evolución mientras lo estamos sondeando.

Por tanto, ya tenemos una primera evidencia consistente en el movimiento universal. Pero, insistamos: ¿Qué

---

[186] Avila, Roberto, *Causalidad y relevancia explicativa*, tesis doctoral, Salamanca 2016.

es el movimiento, existe realmente el movimiento universal? Planteamos la cuestión porque conociendo que las interacciones universales suceden por transmisión de energía, no existiría lapsus temporal de causalidad según algunas interpretaciones de la segunda ley de Newton, en el sentido que la aplicación de una fuerza a una partícula produciría su aceleración en forma instantánea sin lapsus temporal.

Creo que este es el meollo de la cuestión si deseamos interpretar esta parte de la problemática de la causalidad, pero a la par debemos aceptar la tesis antes citada de Roberto Ávila en el sentido que no existe ninguna prueba sobre vínculo objetivo que cumpla de forma universal las funciones de transmisor de influencia o de vehículo de cambio, de manera que la resolución del conflicto nos conduce directamente a mayor profundidad de pensamiento filosófico sobre algunas probabilidades explicativas de la causalidad. En el bien comprendido que el principio de causalidad existe en el mundo del ser racional, lo que damos por un acontecimiento cierto y evidente. La cuestión es cómo actúa la conexión entre la causa y el efecto en el universo físico de energía en que habitamos.

Tal como anteriormente expusimos, conocemos la existencia de partículas de materia y de antimateria de diferente carga eléctrica, de modo que su contacto desencadena la destrucción inmediata de ambas revirtiendo en energía pura. Este modelo de la transformación de masa en energía pura parece estar científicamente consolidado con las experimentaciones operadas en los aceleradores de partículas y, desde luego, a partir de la fórmula $E = m.c^2$ de Albert Einstein.

Pues bien, tal posibilidad de transformación sólo es plausible con la existencia de un ámbito, un *espacio/tiempo* que permite la interconexión, con lo cual la posibilidad del nexo causal se halla subordinado a la existencia del ámbito propiciado desde el *Big Bang* que ha producido la interconexión de partículas, y posteriormente de átomos y moléculas. Luego éste es el vínculo de conexión, sin que deba disponer necesariamente de importancia el hecho que la interconexión que propicia la *causa/efecto* parezca instantánea, puesto que la transmisión de energía a escala subatómica absorbe el ámbito[187].

Entendemos que ello es así, por cuanto el universo en su llamada conformación evolutiva no tiene tiempo, es un "todo" generado hasta la llegada de nuestro ojo. Y, por ello, no tiene sentido objetivar parcialmente como algo real el universo para deducir erróneamente que está formado por partes separadas espacio-temporalmente. Quien hace esto es la mirada del ser racional, viendo *campos de sentido* (Markus Gabriel) y obteniendo así los beneficios

[187] ROVELLI, Carlo, "existe un intervalo mínimo de tiempo. Por debajo de este la noción de tiempo no existe ni siquiera en su acepción más desnuda" en *El Orden del Tiempo*, ed. Anagrama, Barcelona 2018, p. 66, traducción de Francisco J. Ramos.

Ane L'Huillier, Universidad de Lund (Suecia); Pierre Agostini de la Universidad estatal de Ohio E.U.A. y Ferenc Krausz del Instituto Max Planck de óptica cuántica de la Universidad de Múnich, son premio Nobel de Física 2023, premiados por métodos experimentales que generan impulsos de luz de attosegundos para el estudio de las dinámicas de los electrones en el interior de los átomos y moléculas. Un attosegundo equivale a una trillonésima de segundo, o 10 elevado a la potencia menos 18. Es tan corto que hay tantos attosegundos en un segundo como segundos desde el nacimiento del universo. Es en este ámbito donde al parecer se inician las reacciones químicas.

del principio de *causa/efecto*, que no es más que la observación de la propia morfología universal por tramos o perspectivas diferentes, estratificados significativamente en la memoria cerebral.

Es el ser racional quien descubre el tiempo mediante la congelación mental de tramos evolutivos del universo diferentes, que posteriormente compara, y observa que su morfología, en muchos casos, obedece a una ley que llamamos de causalidad. Y, en este sentido, el universo tampoco dispone de espacio absoluto propiamente dicho, en la medida que se halla unido al tiempo.

Así, nuestra visión se dirige a entender que en lo que llamaríamos espacio intersideral vacío no hay nada apreciable, y decir nada es lo más parecido a no existir. Pero resulta que siempre hay algo en el universo o más allá ya no es universo[188]. Así, a nuestro entender el cosmos es todo lineal, en el sentido que la más mínima partícula de energía aparentemente aislada dispone de su campo energético, traza ineludible y dirección generada desde la primera Singularidad, de manera que la más mínima acumulación de energía en su función cinética está marcada y enlazada linealmente desde el toque inicial de la Singularidad, por más que nos parezca el vacío en grandes espacios.

El espacio cosmológico sin energía o técnicamente vacío, no existe, porque no habría nada, y la nada, como sabemos no existe. Sirva el ejemplo de Marcus Gabriel sobre

---

[188] LATORRE, José Ignacio, "Vacío cuántico: En la teoría cuántica de campos, el vacío cuántico (también llamado vacío) es el estado cuántico con la menor energía posible. Generalmente no contiene partículas físicas". *La Nada o el Vacío Cuántico,* ed. Batiscafo, Barcelona 2016. p. 142.

un cubo azul completamente aislado por el vacío: "Si estuviera completamente sólo y aislado de otros objetos, no podría existir. Si pudiéramos aislar un objeto individual de todos los demás (ya sea en el pensamiento, en el universo o en algún área objetual), inmediatamente dejaría de existir, porque estaría aislado de cualquier campo de sentido en el que pudiera aparecer"[189]. Y, desde luego, a mi criterio, si no me equivoco, el *campo de sentido* de Markus Gabriel es una consecuencia necesaria del protosilogismo derivado del principio de *causa/efecto.*

En resumen, bajo el punto de vista humano y como aclaración abundante de la causalidad,, en el universo todo fluye y nosotros también, cada instante el universo y nuestro organismo es diferente, nada, absolutamente nada se paraliza en la evolución universal, todo rueda, a excepción virtual de los signos estratificados, paralizados, en nuestra memoria, que son, en definitiva, la clave de bóveda para la inteligencia racional.

3. Protogénesis de la construcción silogística

El principio estructural de *representación-reminiscencia-síntesis,* obtenido inicialmente a partir de la causalidad empírica al que nos hemos estado refiriendo, a nuestro entender, fue la base protológica en la evolución de los primates hasta disponer el hombre moderno de miles de millones de conexiones neuronales y sucesiva acumulación memorística de infinidad de conclusiones derivadas empí-

[189] GABRIEL, Marcus, *Por qué el Mundo No Existe,* ed. Pasado/Presente, 2018 Barcelona, p. 90, traducción de Juanmari Madariaga.

rica y culturalmente del principio de *causa/efecto*, a la par de otros muchos datos derivados de *inputs* sensitivos, representativos y emocionales. La comparación de toda esta inmensidad de datos, el *big data* cerebral, en un contexto intencional de deliberación determinado, es la que permite cognitivamente deducir por inferencias las síntesis pertinentes, y, en definitiva, el sentido común. Y en ese sentido puede aceptarse que el funcionamiento lógico obedece a la operativa y abstracción cerebral *in re ipsa*, en sí misma, a la vista de los datos disponibles.

Pero, evolutivamente desde los primates, la construcción de este funcionamiento autónomo en la operativa lógica[190] del hombre moderno, requirió dos condiciones prelativas para su acoplación, la primera el sinalagma con el antiguo principio de *causa/efecto* como precedente inductor, y, en la estampa de esta comparación sucesiva de la protológica, una segunda dependencia sinalagmática o vínculo necesario consistente en el *principio de no contradicción*, lo cual por otra parte nos aparece como inherente al sistema, toda vez que en las inferencias sublima la oposición a las síntesis falsas.

Con todo, debemos recordar, aunque meramente sea a efectos metodológicos, que bajo el punto de vista evolutivo de los primates, probablemente en millones de años, su biomecánica cerebral fue de lenta evolución, por

[190] El desarrollo de la lógica a través del tiempo desde Aristóteles hasta la lógica moderna, se considera fundada en cuatro pilares consistentes en la lógica antigua, la idea de un lenguaje universal para la ciencia, el desarrollo del álgebra y aritmética en el XIX, y las investigaciones lógicas de la matemática. Por nuestra parte aceptamos la conformación del sistema lógico hoy vigente, al margen de especialidades concretas, vid. *Tratado de Lógica*, de COPI, Irving M., ed. Universitaria, Buenos Aires 1972.

la morfología, la adaptación al medio ambiente, el principio del lenguaje, la cultura, etc. etc. hasta llegar al hombre moderno con mayor capacidad craneal en la mayoría de los casos y, sobre todo, alguna mutación desconocida que sobrellevó la inteligencia, cuyo estudio corresponde a la paleoantropología.

Pero, reconduciendo el tema al ámbito filosófico que ahora tratamos en la esfera de la filogénesis del silogismo moderno, entendemos que la primera impresión obtenida por el ser primate conducente a la dirección inteligente fue la llamada *congelación del tiempo*, que llevó a la captación de la *causa/efecto* gracias a la paridad del universo en su posible observación binaria, esto es, las dos "visiones" empíricas diferenciadas temporalmente y conducentes a un resultado de A = A anteriormente referido, esto es que A es el presente porque A era el pasado. Fueron todas estas observaciones empíricas basadas en dos visiones sucesivas del universo las que dieron la primera seguridad a un comportamiento instintivo-empírico, y, posteriormente en el ser racional su multiplicidad de conclusiones empíricas remitidas mentalmente permitió comenzar a fraguar la inferencia entre ellas para sucesivos silogismos en la perspectiva evolutiva.

Si bien, antes o quizás en forma largamente coetánea durante la evolución, tuvo que aparecer necesariamente el *principio instintivo/intuitivo de no contradicción* para coordinar la ulterior comprensión de los incipientes protosilogismos que podía operar el cerebro de los primates, puesto que la falsa lógica o falso instinto aún en su modo incipiente, requería distinción. Y ello, a nuestro entender, hubo de surgir inicialmente por la existencia de los actos frustrados. Nos referimos al impacto negativo y probablemente doloroso recibido cuando en determinada acción intencional resultaba el fracaso de la finalidad. Todas estas acciones fallidas, por otra parte, naturales en la supervivencia, en la lucha por los alimentos y, en suma en las vivencias, impregnaron cerebralmente en los primates la existencia mental de un *warning* potencialmente emocional de gran trascendencia, cuya impresión fue asociada al detectar las conclusiones falsas de los incipientes "silogismos" instintivos, por aquel *aviso* ahora denominado *principio de no contradicción*[191].

Entendemos que fue en esa secuencia cuando a lo largo de los años de la evolución y obtención de capacidad de abstracción, los primates obtuvieron la adaptación neuronal para el acoplamiento de millones de datos derivados de las experiencias obtenidas, por las observaciones instintivo-empíricas (Hume) de los principios de *causa/efecto* y correlativo *warning* o advertencia de la frustración empírica conducente al *principio de no contradicción,* hasta la actual capacidad de abstracción del primate moderno de Cromañón. Con la paradoja que, hoy en día, la aceptación definitiva de conclusiones como en las matemáticas, no sólo 4 ya representa el signo de 2 + 2 sin hacer el cálculo, sino que se está transformando el conocimiento de operaciones complejas a la simple idea de conocer una tecla cuya pulsión nos entregará los resultados.

---

[191] LÉVINAS, Emmanuel, "El fracaso de mi espontaneidad, aún desprovista de razón, despierta la razón y la teoría: habría habido un dolor que sería madre de la sabiduría". *Totalidad e Infinito,* ed. Sígueme, Salamanca 1987, p. 105, traducción Daniel E. Guillot.

Capítulo V
Los fundamentos físicos de la ética *cara-a-cara* de Emmanuel Lévinas

1. De la conciencia como primera libertad a la soledad

Una de las capacidades inherentes del ser racional es la sociabilidad, la semiótica, la cultura y, en suma, la posibilidad del dialogo y del lenguaje, por virtud del cual los humanos podemos comunicarnos y entendernos mediante signos en este universo de la energía y de las fuerzas donde habitamos, sin lo cual no hubiera existido el progreso científico ni el cultural. El tema es de interés no solo porque hasta el siglo XIX a partir de Saussure[192] no se atendieron probablemente con

[192] Vid. DE SAUSSURE, Ferdinand, *Curso de Lingüística General* (1916), ed. Akal, Madrid 1991, traducción de Mauro Armiño.

significado académico los efectos y la transmisión del lenguaje y su estructura, sino porque el signo como expresión etérea, por más que sostenido físicamente por sonido, tacto o escritura, representa a partir del lenguaje en los primates racionales un amplio sistema de comunicación diferente del propio y natural de la materia, la energía como fuerza.

Pero, sin el dialogo y sin la comunicación con los otros, en forma individual, como un ermitaño retirado de la sociedad, también podemos pensar. De hecho el pensamiento es el fenómeno más genuinamente individual, y en esta intimidad podemos ser conscientes de nuestro mundo exterior, y comprender quizás algunos de los más recónditos lugares de nuestro universo; podemos ser conscientes del genoma humano concentrado en una macromolécula en el núcleo de las células, incluso podemos ser conscientes de nuestros orígenes estelares por la formación de átomos en los diversos hornos termonucleares.

Sin embargo, toda esta consciencia individual, estos conocimientos, se hallarían eclipsados por la soledad mientras no podamos comunicarnos con los otros. La soledad[193] es la más absoluta adhesión al universo. De hecho, es la propia repetición del universo sin salir un ápice de las leyes que lo gobiernan. La soledad es confundirse con lo que *Hay* levinasiano,[194] esto es con la materia, con el universo en general.

193 Cfr. LEVINAS, Emmanuel, *El Tiempo y el Otro*, ed. Paidós, Barcelona 1993, pp. 80-82, traducción de Félix Duque.

194 "El Hay en su rehusarse a tomar una forma personal, es el ser en general". LEVINAS, Emanuel, *De la Existencia al Existente*, ed. Arena, Madrid 2000, p. 77.

Cfr. LÉVINAS Emmanuel (1947), *De l'Existence a l'Existant*, ed. Vrin, París 1986, pp. 93-94.

Es cierto que individualmente la conformación de nuestra capacidad intelectiva nos ha entregado una primera libertad, la de la conciencia de la conciencia, por virtud de la cual podemos pensar, reflexionar, conocer el universo y proyectar nuestro futuro conforme a los conocimientos acumulados al tenor de la estructura universal. Lo que traducido en el interés útil significa una mayor capacidad de supervivencia, y desde luego de libertad para movernos en el campo material objeto de dependencia. Pero toda esta libertad primaria, sin los otros, nos conduce inevitablemente a una soledad dentro del universo, porque la estructura de la razón cognitiva induce una comprensión deductiva sumamente potencial acorde con los hechos observados de la propia naturaleza física. O dicho más claramente, en ese juego cognitivo no surge ni existe emocionalmente la ética del amor ni la bondad por ausencia de la alteridad, y será en esa relación ética con los otros donde podremos acceder a una segunda y más amplia libertad.

Este es el motivo por el cual la *paridad causal* observada en la regularidad de la naturaleza resultará inoperante en la relación social intersubjetiva, puesto que la alteridad, el otro, no es un objeto sino un sujeto precisamente dotado de capacidad de sentido propio según su libre albedrío, y en esta complejidad es cuando surge la alternativa del

---

Cfr. PARRA BERNAL, F.J., *El Hay en Emmanuel Lévinas*, ed. Académica Española 2013, pp. 37 y ss.

LÉVINAS, Emmanuel, "De ese 'hay' que persiste no se puede decir que es un acontecimiento de ser. Tampoco se puede decir que es la nada...", *Ética e Infinito,* ed. Visor, Madrid 1991, se corresponde con una entrevista efectuada por Philippe Nemo, p. 44.

Cfr. LÉVINAS Emmanuel, *Totalidad e Infinito*, ed. Sígueme, Salamanca 1987, p. 288, traducción de Daniel E., Guillot.

trato agresivo, lo cual significa tratarlo como objeto, ora como sujeto, con respeto y atención, en cuyo caso puede observarse el nacimiento de la relación ética, con un fondo emotivo de respeto y consideración, simultáneamente a la exclusión lógica del otro, porque en el trato ético el otro ya no forma parte de nuestro cálculo cognitivo de finalidad puramente material[195].

En otras palabras, la lógica humana no puede hablar plenamente de sí misma sin referencia a una categoría inobjetivable, porque no alcanza a quien hace la pregunta por el ser[196]. La razón se halla en el hecho que quien pregunta no coincide ni es "el contenido de la pregunta", esto ya es la idea, no el *ideatum*. Y esta pre-comprensión sería una tautología cuyo intento de resolución nos llevaría hasta el infinito ideal. El contenido de la pregunta es solamente un efecto, cuya causa es el sujeto que la sostiene, no tanto por su inmanencia material como por su libertad de elegir el tema por el asa del sentido. Y tratar lógicamente las libertades se halla privado de concernir por el principio de incertidumbre que presentan en su propia naturaleza. La relación ética, en lo que es el sujeto en sí, no dispone del espacio euclidiano de la lógica.

---

195 LÉVINAS, Emmanuel, "En tanto que sensibilidad, en tanto que ser de cuerpo y sangre, soy al margen de la anfibología del ser y el ente lo no-tematizable, lo no-unificable a través de la síntesis". *De Otro Modo que Ser*, ed. Sígueme, Salamanca 1987, p. 138.

196 "Si tenemos la posibilidad de observar nuestros propios pensamientos, ¿quién es el observador?: Ese es el mayor misterio en neurociencia, el santo grial". Entrevista a la neurobióloga Susana MARTÍNEZ-CONDE en el periódico *La Vanguardia* de Barcelona el 19-02-2010. En el mismo sentido respecto del misterio de la conciencia en la entrevista al psiquiatra José-Miguel GAONA, *ibíd.* 12-06-2012.

Así, volviendo a la soledad en esta primera fase de nuestra libertad sucede que: "El solipsismo no es ni una aberración ni un sofisma; es la estructura de la razón misma. Hay pues un soliloquio de la razón y una soledad de la luz. Incapaces de responder a lo otro en su ser y en su sentido"[197], y ello es así, porque el conocimiento "no vence la soledad, sino que, antes bien, la consuma, deshaciendo la alteridad en la generalidad del concepto",[198] o en palabras de Lévinas "La acción violenta no consiste un reencontrarse en relación con lo Otro (*Autre*); precisamente es aquélla acción en la que uno está como si estuviera sólo"[199].

Seguidamente nos deberemos preguntar en qué consiste esta segunda libertad que nos ha ofrecido la naturaleza precisamente ante la presencia de los otros, sobre lo que trataremos, no sin antes insistir en que la libertad simple de la inteligencia no es una libertad plena, por el hecho evidente que nos sitúa en la soledad.

2. Lévinas y la relación inter-objetiva con el otro en la soledad

Emmanuel Lévinas[200] negando la ontología de Heidegger como fundamental,[201] sostiene que la *epifanía* del ser se ha-

[197] DERRIDA Jacques, *L'Ecriture et la Différence*, ed. Du Soleil 1967, traducción de Patricio Peñalver, Anthropos, Barcelona 1989, p. 124.

[198] ANTICH, Xavier, *El Rostre de l'Altre*, ed. E. Climent, Valencia 1993, p. 46, traducido del catalán.

[199] LÉVINAS, Emmanuel (1972), *Humanismo del Otro Hombre*, ed. Caparrós, Madrid 1993, traducción de Graciano González, p. 104

[200] Adjuntamos como Anexo una cronología de Emmanuel Lévinas.

[201] LÉVINAS, Emmanuel, (1951) *"¿Es fundamental la ontología?"* en *Entre Nosotros,* ed. Pretextos, Valencia 1993.

lla en la intersubjetividad ética, esto es, en el *cara a cara*[202] ante el vulnerable, la cual mirada refleja la *huella* de la exterioridad, denominada *Illeidad,* a distancia infinita, con el mandato *No matarás* reflejado en el rostro del otro. En ese instante evanescente se produce la *curvatura del espacio intersubjetivo,*[203] y ahí nace un nuevo ser como *otro modo que ser o más allá de la esencia.* Lo que sostiene Lévinas[204] no se halla basado en una tradicional filosofía *de apropiación* occidental, sino en una filosofía del *hombre ante el otro hombre,*[205] con lo que argumentativamente rechaza no sólo la ontología heideggeriana, sino todas las tendencias cientí-

---

[202] LÉVINAS, Emmanuel, "En el cara-a-cara, el yo no tiene la posición privilegiada del sujeto, ni la posición de la cosa definida por su ligar en el sistema; es apología, discurso *pro domo,* pero discurso de justificación ante el Otro". *Totalidad e Infinito,* ed. Sígueme, Salamanca 1987, p. 297, traducción de Daniel E. Guillot.

[203] LÉVINAS, Emmanuel, vid. *Totalidad e Infinito,* ed. Sígueme, Salamanca 1987, p. 295. Traducción de Daniel E. Guillot.

[204] Para una referencia extensiva vid. CASALS SANS, Antoni, *Violencia y Ética Emocional, el giro intersubjetivo de la ética en Emmanuel Lévinas y Gabriel Bello,* ed. Newton, Oviedo 2015, pp. 46-176.

[205] BELLO Gabriel, contrapone a este respecto la tesis de fondo que atribuye a Lévinas, según la cual: a) la racionalidad que articula la filosofía y la cultura occidentales está vertebrada, ella misma, en todas sus expresiones o derivaciones como puedan ser los derechos humanos por la violencia; b) la violencia que vertebra la racionalidad occidental surge de la matriz del principio de apropiación que articula el individualismo posesivo, y su negativo: el principio de exclusión del otro, frente a la posibilidad de sustituir el paradigma de la justicia distributiva por el paradigma del reconocimiento para hacer sitio a la justicia identitaria: La diferencia entre el principio de apropiación y el de no apropiación —de donación y de no donación— es el punto de máxima divergencia entre Heidegger y su ontología, construida sobre la relación mítica, de ascendencia griega, entre el hombre y el Ser, y Lévinas y su ética de raíz judía elaborada sobre la relación entre el hombre y el otro hombre. "Ética contra la Ética, Derechos Humanos y Derechos de los Otros", en *Un Libro de Huellas, Trotta,* Madrid 2004, pp. 86 y ss.

ficas contemporáneas acerca de un *yo* como visión integrada del cerebro y la subjetividad como fruto inmanente.

Pero, ese fenómeno y el nacimiento de un *yo* ético diferente,[206] no siempre sucede así. Es más, en la mayoría de los casos no sucede. Por ello Lévinas en ningún modo niega la física que él denomina *Hay* y su comportamiento material, causal o matemático, cuya *totalidad* o capacidad de compresión del ser humano denomina *Mismo*, precisamente por ser repetitivas las operaciones ideales reflejadas mentalmente en modo circular. Acepta por ello que el mundo es mundo[207] y que la relación intersubjetiva que se produce fuera de la ética es una constante habitual, derivada de la ambición excesiva, y, por ello, en la mayoría de los casos se concreta, sino en guerra, en contraposición de intereses, en una semiótica inevitablemente performativa en el entorno de una sociedad altamente afectada por la confrontación de términos, por la lucha y por la violencia[208]. De hecho en la política y en el poder se puede observar claramente esa disposición probablemente con arreglo a la composición del mundo en que vivimos.

[206] *Autrement qu'être,* es traducido habitualmente al castellano como *otro modo que ser,* pero por nuestra parte entendemos correcta la traducción de *ser diferente.*

[207] Obsérvese este pasaje de LÉVINAS sobre la libertad: "La libertad consiste en saber que la libertad está en peligro. Pero saber o ser consciente es tener tiempo para evitar y prevenir el momento de inhumanidad. Este aplazamiento perpetuo de la hora de la traición —ínfima diferencia entre el hombre y el no hombre— supone el desinterés de la bondad, el deseo de lo absolutamente Otro o la nobleza, la dimensión de la metafísica". *Totalidad e Infinito,* ed. Sígueme, Salamanca 1987, p. 59, traducción de Daniel E. Guillot.

[208] *Homo Homini Lupus.*

En este contexto ajeno a la ética, según Lévinas, el ser no halla su propia individualidad, restando en la soledad mientras las ideas y las transacciones mantengan la esfera material como principio de relación. O, dicho en otras palabras, las relaciones sean inter-objetivas, de sujeto a objeto, porque tratan de objetos sin consideración a la alteridad, esto es, tratando al otro simplemente como medio de un tema, trato o conversación interesada, como sería en algunos casos en la ética Discursiva de Apel y Habermas.

Podrá objetarse que la más natural relación mundana exige la circulación y trato de objetos. Esto es cierto, pero ahí estamos frente a relaciones de intereses, que podrán ser totalmente legales, o incluso morales en muchas ocasiones, mas, no estaríamos ante relaciones éticas producidas en el *cara a cara* levinasiano, y, por ende, estaríamos arrostrando unas relaciones conformadas con el universo material en que vivimos. Lo que nos viene a decir Lévinas es que sin el respeto, sin un *acercamiento* de bondad y, en su caso, de ayuda a la alteridad vulnerable, las relaciones se mantienen en el límite de la objetividad universal sin trascender ulteriormente. Y, sobre todo, nos explicita el mandato *No matarás* como necesidad de superar las guerras y la destrucción masiva de la humanidad, a la que hoy debemos añadir la destrucción de la biósfera por el cambio climático. Por ello, mientras la humanidad se halle en dicha línea de actuación, su existencia devendrá puramente material e intrascendente de la primera inteligencia como movimiento circular.

3. Dos conceptos enigmáticos, la fuerza y el amor

Antes de seguir con la argumentación relativa a la segunda y definitiva libertad que nos propone Emmanuel Lévinas por medio de la relación ética, permita el lector coger de paso dos conceptos fundamentales en la filosofía que ahora tratamos, porque su interés radica en que el primero de ellos, la fuerza, nadie es capaz de definirla. Se conocen los efectos pero no la causa, es como el *yo* heideggeriano, pero en este caso totalmente radical, ya que podemos conocer los efectos de la fuerza general o desviada por el ser racional, pero jamás su estructura interna y causal.

¿De dónde viene la fuerza? Es más, ¿en qué consiste en sí? No hay forma humana de poder conocerlo porque nos trasladamos a un estadio anterior a toda deducción lógica y matemática en medio del *Big Bang*. Lo único que conocemos son sus efectos y en algunos casos su dirección por la termodinámica, así podemos decir que ese "apretar" de la fuerza es el lenguaje de la materia y del universo. Lo trascendente para el caso que ahora nos ocupa resulta ser que la fuerza es aplicable también a la relación social, a los otros, en muchos casos con funestas consecuencias, pero precisamente esta habitualidad generada a través de toda la filogénesis del *yo*, es paradójicamente la que nos proporcionará el ámbito de diferencia para la observación de la posibilidad ética como bondad.

El amor como ética levinasiana es otro concepto quizás más definible que la fuerza, en la medida que podamos apreciar una causalidad ética, sentimental, o sobre todo, cognitiva cuando se trasciende toda emoción para proyectar una actuación axiológica en favor de la alteridad acorde con los valores morales cognitivamente consolidados. Queremos decir conscientemente, lo cual nos puede conducir a la relación ética profusamente descrita por Lévinas. Pero la característica básica del amor hacia la alteridad consiste en la superior categoría "potencial" que la fuerza, y ahí es donde puede ya vislumbrarse la importancia filosófica de ambas categorías. Así, con la fuerza el ser racional puede conseguirlo casi todo en la medida de su capacidad, desde algunas modificaciones puramente materiales, a la coerción y la violencia obligando a los otros. Pero lo que jamás puede lograr la fuerza es obtener el amor y la ética del otro, por la sencilla razón que el amor es inviolable.

Ahí ya se nota un indicio como acercamiento a esta segunda libertad del ser humano, porque la maldad subjetiva con toda la fuerza y violencia física acaparada como poder frente a los otros, nuca podrá lograr su amor. El ámbito de movimiento de la fuerza en las relaciones intersubjetivas se halla subordinado por los patrones materiales, que resultan totalmente inútiles para forzar la relación ética de benevolencia, y ahí descubrimos que el amor, o la ética como autoridad moral en palabras de Lévinas, dispone de un potencial muy superior a la fuerza física, aunque resulte extraño reconocerlo en este mundo de la materialidad. Y el resultado de tales estimaciones, no es otro que la observación que el ejercicio de la fuerza ante los otros limita el actor a mantenerse en la soledad universal, la soledad del vencedor material, por más que supla ineficazmente su fracaso ético con la cohorte de aduladores y colaboradores de relación interesada[209].

[209] Claro, que por más que intentemos un fino análisis de la diferencia entre la relación egoísta y la ética, siempre vamos a topar con la omnipresente materialidad universal. De hecho es algo que hemos visto en la propia evolución cósmica y así lo puso de manifiesto Baudelaire en el XIX, burlándose de la impotencia y ensueño de Jesús crucificado para acogerse a la materialidad con esas palabras: *"Por cierto, en cuanto a mi saldré satisfecho. De un mundo donde la acción no es la hermana del ensueño; ¡Pueda yo empuñar la espada y perecer por la espada! San Pedro ha renegado de Jesús... ¡Hizo bien!" (Las Flores del Mal).* O Nietzsche, otro negador de la moral vigente: *"¿Qué sentido tienen aquellos conceptos-mentiras, los conceptos auxiliares de la moral, 'alma', 'espíritu', 'voluntad libre', 'Dios', sino el de arruinar fisiológicamente a la Humanidad?" (Ecce Homo).* Aunque en ambos casos el reniego moral obedece a la exigencia de un cambio de ciclo sociopolítico respecto de la sociedad occidental, afectada por una estratificación de clases sujeta, sobre todo, a la inveterada moral cristiana, desviada su práctica de caridad axiológica fundamental, por lo que, la llamada "muerte de Dios" o "fin de la historia" (G. Bello, *La Construcción Ética del Otro,* ed. Nobel, Oviedo 1997, pp. 65 ss.) en el siglo XIX, y más aún si recordamos el *Superhombre* nietzscheano, condujeron a dos guerras mundiales donde la ausencia de valores propició las máximas atrocidades. No vamos a negar los excesos históricos de la Iglesia hoy en día muchos de ellos recocidos de primera mano, pero no es menos cierto que sin moral y sin valores la humanidad no puede ni podrá sobrevivir, por más que los valores denunciados por Baudelaire y Nietzsche se fundaran en el dogma de la Fe, que resultaba ser un misterio. Y, entendemos que la necesidad de unos valores respetados socialmente es tan acuciante porque en ello va la supervivencia de la humanidad versus las guerras y morir con la espada por la espada. Los avances tras las dos deflagraciones mundiales, probablemente por los remordimientos de vergüenza de los políticos, condujeron en 1947 al reconocimiento mundial de los Derechos Humanos, que son unos valores ajenos a cualquier tipo de violencia, y por ello sobresaltando en su relevo los anteriores principios anejos a la pura dogmática, tales como "patria", "venganza legítima" "honor", etc. reemplazados paulatinamente por el valor de la dignidad humana. Y es en esa línea de favorecer la dignidad del otro por la que se nos ha introducido la ética levinasiana, la cual, sin lugar a dudas, deviene conforme a los principios de los Derechos Humanos. Por tanto, dejando ahora ya al margen los antiguos valores históricos o la ausencia de valores, hemos llegado al encuentro de un punto real, no ficticio ni dogmático, en el que entendemos que una mayoría de humanos puede aceptar.

Esta paradójica superioridad del amor, de la ética frente a la fuerza, nos lleva a repensar con Lévinas la naturaleza de la "potencia" del amor y de la ética, por tratarse de un grado de movimiento superior al que nos ofrece la propia fuerza universal en el modo y forma hasta ahora vislumbrado.

4. Estructura inédita de la ética de la bondad

Centrados en el tema, debemos reconocer que nuestro universo nos ha ofrecido un nuevo ámbito de actuación o movimiento más allá de toda interacción física o material, consistente en la aparición de los otros y las consecuentes relaciones sociales, políticas, legales, o morales y la profunda complejidad que nos otorga el nuevo mundo de la alteridad y las alteridades. Ello es sin duda debido a la multiplicidad de seres humanos y comunidades políticas y morales existentes, cuya naturaleza biológica ha sido propiciada por la permanente fuerza del *yo* en su evolución anteriormente descrita. Por tanto, somos muchos, la evolución universal no sólo nos ha entregado un primer gran giro con el secreto bioquímico de la vida y consecuente filogénesis del *yo* vital, hasta el animal racional, sino que, finalmente, o al menos, hasta ahora, el universo nos sorprende con un nuevo giro iniciado a partir de la multiplicidad de seres inteligentes y las relaciones que pueden mantenerse entre ellos, o sea nosotros, sustancialmente para despejar el egocentrismo y presentarnos el nuevo giro ético. Lo que, por otra parte, quizás no es de extrañar considerando las circunstancias providenciales del *Big Bang*, primeramente con las asimetrías (bariogénesis) creadoras de la materia, posteriormente con el nacimiento de la vida en contra de su propio contexto entrópico, la evolución del *yo* con la acaparación incesante de libertad, y, finalmente la aparición de la inteligencia racional, al parecer, quizás, por una superposición de cromosomas desconocida.

Pero ahora estamos ahí, toda la humanidad generacional, y debemos preguntarnos a la vista de las circunstancias sociales y políticas concurrentes si realmente el universo en toda su providencial evolución designó como estación término de la vida la primera libertad inteligente y subsiguiente destrucción natural de la humanidad, a la vista de los egoísmos existentes (*conatus essendi*). Porque no podemos olvidar que el carácter del *yo* entregado desde un principio de la evolución de la vida ha sido el más absoluto egoísmo y recaudación de los soportes de poder y libertad, sin lo que no hubiéramos llegado a ser inteligentes. Y ahí está el problema.

En igual modo que detectamos la libertad como diferencia entre la materia inorgánica y la vida, ahora nos deviene necesario analizar y solventar la problemática sobre la diferencia existente entre la fuerza egoísta con las relaciones intersubjetivas violentas y las relaciones puramente éticas. Y decimos esto no sólo al margen de cualquier consideración puramente ideal, sino sujetos a la más concreta dinámica de la realidad observada en la naturaleza, puesto que la relación de bondad y ética observada hoy en la humanidad es un hecho empírico, igual que la existencia de la vida, del egoísmo y de la violencia.

Lo novedoso del caso es que la naturaleza de la relación ética, y por tanto de bondad hacia el otro, nos aparece como antítesis del egoísmo vital hasta ahora considerado como parte de la evolución,[210] porque la entrega emocional o cognitiva de la bondad como ética en favor del otro, supera la teorética intencional para consumarse en la práctica de los hechos universales. No hay otro modo, y eso, por lo general, implica un significado de entrega como merma en alguna medida de la centralidad egoísta del donante[211]. Ahí podríamos ofrecer toda una diversidad de ejemplos relativos a la práctica ética, comenzando por los más profundos, como sería el caso de entregar la propia vida para salvar la de otro; la entrega de órganos; o de sangre para transfusiones; hasta la mera entrega de dinero o alimentos para el necesitado. Pero, lo que podemos observar como diferencia entre la práctica de la relación egoísta o interesada y la relación ética, es que esta última niega o reniega el egoísmo, en tal grado que ello, traducido a la realidad física, significa una merma de recursos físicos del sujeto ético con traslado hacia el otro agente vulnerable. Esto implica una inversión real de términos y una primera contradicción al sistema hasta ahora analizado en orden a la fuerza universal como esencia de la propia evolución vital, estamos hablando de la ética *contra-natura*.

Ahora la cuestión es, ante la evidente diferencia de las actuaciones éticas respecto de las egoístas, intentar descu-

---

[210] Aunque la historia de la ética en realidad no está escrita por imperativos de la historia de los vencedores, podemos reconocer que en la antigüedad occidental la ética como valores estaba considerada en favor de los héroes guerreros reales o mitológicos. Cfr. MACINTYRE, Alasdair, *Tras la Virtud*, ed. Crítica, Barcelona 2013, traducción Amelia Valcárcel, pp. 155 y ss.

[211] LÉVINAS, Emmanuel, "La bondad consiste en implantarse en el ser de tal modo que el Otro cuenta allí más que yo mismo". *Talidad e Infinito*, ed. Sígueme, Salamanca 1987, p. 261, traducción de Daniel E. Guillot.

brir hacia donde nos conducen, y, a ser posible, enlazando las proposiciones éticas ofrecidas por Lévinas, vislumbrar el posible encuadre del nacimiento ético en el *cara a cara* respecto a la inmanencia del mundo físico en que habitamos, toda vez que, si no me equivoco, Lévinas, al margen de sus firmes creencias religiosas, en su filosofía no establece la conexión de su ética con la universalidad, cuando menos explícitamente, lo que no deja de ser coherente atendida su opinión de que la filosofía no tiene por qué ser necesariamente muy transparente[212].

5. El giro intersubjetivo de la ética y la segunda libertad

No vamos a negar la dificultad de mantener la síntesis trascendente en el *vis a vis* levinasiano, pero no es menos cierto que fuera de su estructura filosófica, si salvamos los dogmas de las religiones y creencias, no existe nada más consistente que la fugaz vida dentro de una evolución universal que engulle el tiempo vital, en tanto que Lévinas mantiene un doble sentido para el ser humano por virtud del acto ético, sobre cuyo particular seguidamente trataremos. Sin embargo, ahora, aunque sea nada más como aproximación, conviene centrarnos en el interés filosófico del llamado giro ético, no tan solo de Lévinas, sino en general, puesto que supone ciertamente una conformación

[212] Lévinas, Emmanuel (1982), "No creo que exista posible transparencia en lo concerniente al método ni que la filosofía sea posible como transparencia. Quienes durante toda su vida se han ocupado de la metodología han escrito muchos libros en lugar de otros libros más interesantes que habrían podido escribir". *De Dios que viene a la Idea*, ed. Caparrós, Madrid 1995, traducción Graciano González y José María Ayuso, p. 153.

potencialmente física diferente de las tendencias anteriormente observadas en la evolución universal.

Como primera introducción al concepto, y sobre todo, significado del fenómeno ético, sostenido como bondad, o también en el aspecto levinasiano como *no indiferencia* al otro, debemos atender la observación física. Esto es el comportamiento físico, energético, de fuerza, del acto ético como autoridad y valor moral y, sobre todo, su significado relativo precisamente a la perspectiva de giros evolutivos de la fuerza universal desde sus inicios en la primera explosión de la Singularidad. Y ello, por cuanto sería inaceptable un soliloquio sobre la espiritualidad de la ética o incluso un retorno a las estructuras de la bondad platónica, sin un verdadero referente al comportamiento físico y su significancia en el mundo universal, al margen de la imprescindible necesidad de dicho enfoque atendida la línea argumental del presente trabajo desde su inicio.

Y como el comportamiento ético trasciende la teorética para concretarse en la práctica del núcleo universal en que habitamos, debemos recordar que la primera y necesaria observación que se nos ofrece ante tales comportamientos empíricos es la radical inversión de la dirección de fuerza física anteriormente entregada por el universo y concretada en la evolución egoísta de la vida. Puesto que la ética como entrega de la vida en favor del otro, hasta la cesión de remanentes en las diversas posibilidades de ayudas, implica por necesidad, en el aspecto físico, una "desegoistización" del sujeto por la pérdida voluntaria de sus recursos físicos en favor de los otros. Esto significa verdaderamente un giro físico universal con todas sus consecuencias, cuya equivalencia sería tanto como decir que la fuerza originaria universal nos ha conducido a otro giro evolutivo de vastas consecuencias.

En este caso las consecuencias del giro ético, bien sea estimando la dialéctica de Lévinas que seguimos, ora en cualquier otra perspectiva ética como bondad, concretada en ese "pase" de la fuerza egoísta en favor del otro, significa primordialmente una nueva, y en este caso, probablemente definitiva, libertad subjetiva. Y ello es así, por cuanto el movimiento de la subjetividad en la anterior soledad, conformó la vida en plena dependencia material. Esto es sujeta en profundidad a su sistema de dependencia, lo cual quiere decir sujeta a la existencia de una primera libertad subjetiva sin independencia total, conformada con el todo universal.

Mientras que en la volición ética, existe en primer lugar un salto hacia una actuación voluntaria negadora de las matrices físicas anteriores basadas en los egoísmos. Lo que significa, por primera vez, un acto de *libertad superior* a todo el encuadre físico de dependencia. Y con ello no decimos ajeno al universo, puesto que el ser humano ético se mantiene en la estructura universal de la fuerza que lo sostiene, pero cediendo parte, o toda, esa fuerza de su *yo* en favor de los otros.

La primera consecuencia de ese ejercicio de libertad, bien mirado la única posible en nuestro contexto universal, requiere el nacimiento, o epifanía según la terminología levinasiana, del nuevo sujeto. Y así se evidencia al salir libremente de la conformación universal en el modo totalmente egoísta. Con esta decisión se accede al desdoblamiento de un sujeto independiente, al que Lévinas denomina *otro modo que ser*, considerando que en Lévinas su *ser diferente* lo intelige desde su anterior *existente*, el natural ser egoísta, y su comparación con el nuevo ser ético, cuyo carácter fundamental deviene altruista.

La libertad consiste en esta segunda opción ética, porque la anterior percibida desde la aparición de la inteligencia no supuso mayor movimiento que la indagación del terreno universal en aras de una mayor supervivencia, pero siempre, y ahí quizás está la clave, sujeta dicha libertad al sistema de dependencia material. Mientras que en la elección ética, obsérvese, no hay sistema de dependencia, antes al contrario se rechaza la fuerza egoísta. No se accede sino que se cede el *yo*, renunciando de alguna manera al propio ser material. Esto, sin duda, es libertad plena precisamente al renunciar a la dependencia material. Nótese que ahí el ser es libre de la materialidad objeto de su dependencia, y por tanto *la existencia de un ser sin limitación a dependencia ya es un ser plenamente libre e independiente*[213].

[213] Podrá objetarse que dicha libertad no encaja en la línea evolutiva de la vida precisamente por sus renuncias en favor del otro, cuando situados en el concepto evolución sería más comprensible lograr una superior libertad como poder mantener la vida incesante, viajar entre galaxias o disponer la más amplia disposición robótica, y ello sería cierto si la ética o bondad fuere acogida con radicalidad en el sentido de darlo todo por los otros, pero de lo que se trata es de aplicar la ética en forma moderada a la búsqueda del sentido que se obtiene al andar y hacer camino según la postura de Norbert Bilbeny, esto es reconocer que vivimos en un campo material de fuerzas donde la aplicación ética es necesaria para evitar los egoísmos exacerbados, necesarios en la anterior evolución, pero ahora nocivos a la integridad social para la supervivencia de la humanidad (cambio climático, conflagración nuclear, etc.).

No es de extrañar pues que en palabras de Lévinas se interprete el instante evanescente de lo que denomina la *hipostasis*,[214] como el nacimiento de otro modo que el ser egoísta y de un ser diferente. Diferente porque penetra en un nuevo paradigma vital o forma de entendimiento de la vida, donde la materia, las cosas como protagonistas que han sido en la filosofía occidental mediante la ética distributiva, pasan a considerarse en segundo término para situar en todo el horizonte el ser de la alteridad como único valor de la realidad.

Ante tales circunstancias, el comportamiento ético supone una verdadera revolución en la dinámica universal, reequilibrando la energía vital entre todos. Aunque no vayamos a engañarnos, ello no quiere decir que se consiga en la humanidad actual ningún progreso definitivo, atendidos los grandes egoísmos, si no en todos, en una gran cantidad observable de dirigentes y políticos, introducidos aún en las tendencias egoístas propias de una etapa evolutiva agotada de la humanidad, ante la bifurcación socio-ética o la autodestrucción de la humanidad.

Así, la ética, cuando la hay, comporta una inversión del *iter* lineal de la fuerza física acotada en la evolución universal, que sucede como consecuencia de una segunda y plena libertad del sujeto. Y ahí procede tener en consideración las dos coordenadas naturales en el análisis objeto de atención. La física vista objetivamente como fuerza en su desencadenante universal, y la interior del sujeto que

[214] Lévinas, Emmanuel, "Llamaré *hipóstasis* al acontecimiento merced al cual el existente se liga a su existir". *El Tiempo y el Otro,* ed. Paidós Barcelona 1993, p. 82, traducción de Félix Duque.

es aquella difícilmente describible como espejo de la naturaleza, por tratarse de decisiones subjetivas inaccesibles desde la ciencia, merced a la expansión subjetiva de la libertad. En este segundo parámetro del giro ético podemos hablar del nacimiento de valores que sin duda afectan moral y normativamente los grupos sociales, pero en la parte de interés filosófico debemos hablar, sobre todo, del nacimiento de la segunda libertad, tema de compleja comprensión en un mundo material donde de lo que se trata es de justificar positivamente la pérdida de atributos.

6. El potencial de paz de la ética como bondad

En las circunstancias expuestas el potencial de la ética significa no sólo una liberación de la dependencia material, y, por consiguiente, la obtención de mayor libertad, sino que además significa la programación de un giro evolutivo necesario para la supervivencia de la humanidad. Sin embargo, la realización práctica de la ética en aras de la propia satisfacción que conlleva en la forma anteriormente expuesta, no es practicada por mayorías, pues la sociedad sigue su curso al tenor de unas leyes y normas morales que integran los individuos en su seno hasta que surjan gérmenes evolutivos que propicien los cambios.

Si intentásemos reseguir la evolución social de los egoísmos desde las primitivas agrupaciones tribales humanas a partir del paleolítico superior, probablemente sería difícil apreciar una maldad estructural generalizada en los diversos grupos sociales, hasta quizás la aparición de la agricultura, la ganadería y los excedentes, juntamente con posibles jerarquías mágico-religiosas autorizantes de los repartos agrarios en relación a los respectivos roles de las poblaciones. De ser ello algo cierto, aun respetando otras teorías recientes, querrá decir que la existencia de los alimentos y su remanente fue un inicio hacia la maldad y que los excedentes materiales para la supervivencia, hoy concretados monetariamente, han sido el cordón umbilical de todas las exacerbaciones egoístas en aras de la consecución de poder como remanente de libertad, coordinado paralelamente con los potenciales bélicos existentes hasta la atrocidad atómica de la actualidad.

Pero todo este mundo se mueve en la soledad, la soledad de la inteligencia y la oposición universal, rechazando de rondón la mayor libertad ética, por más que el germen en las diferentes sociedades y grupos sociales humanos aflore en sus culturas ingredientes morales de verdadera naturaleza ética. Así, lo trascedente del caso es que ante la maldad de la infinidad de dictadores y malhechores, en la mayoría de agrupaciones sociales ha surgido el germen ético entendido como benevolencia y bondad con los otros, hasta el punto que tales transmisiones axiológicas abundan con mayor intensidad en las clases sociales más bajas que en las élites, donde la indolente maldad sólo es suplida por una formal conducta protocolaria determinante de un relación simbólica encubridora de los más intensos egoísmos. Es la cortesía *inter pares* recurrida como alivio a su soledad.

La cuestión estriba pues en conocer a nivel social el estado de situación sobre la motivación ética y las compensaciones que tales actuaciones comportan al sujeto, puesto que si bien puede observarse claramente que la conducta egoísta provee en su actuación de mayores arrestos en la supervivencia por la acumulación de poder, en la relación ética no existe aparentemente ninguna contraprestación asimilable o tendencia a disponer de algún interés subjetivo para su práctica, visto desde la etapa y paradigma materialista de la actual sociedad.

Una de las motivaciones podría ser mantener una relación social regular en paz sin los movimientos álgidos derivados de situaciones violentas, y quizás esa sea una de las motivaciones existente en muchas sociedades. Pero tal situación es diferente cuando la práctica ética obedece a profundas convicciones cognitivas como es el caso de los misioneros, si dejamos al margen su actividad religiosa, de muchas O.N.G, médicos sin fronteras, o muchas personas desinteresadas que ayudan económicamente a poblaciones necesitadas, a pesar de conocer que su aportación económica sólo llega a destino en una pequeña parte, cuando llega. Por ello debe existir en tales casos alguna compensación para los sujetos éticos, ya que en otro modo no se entendería desde la natural perspectiva egoísta. Y ahí está el quid de la cuestión, que nos conduce necesariamente al campo potencial de los valores como referente.

El campo de los valores, bien sea en la clasificación de Max Scheler, o en cualquier otro modo de significación, conduce inevitablemente a un previo enjuiciamiento mental del *yo* y sus circunstancias orteguianas, añadiendo ahora los otros, para la adopción de posiciones fijas integradas mentalmente como dogmas a tener en consideración ante las múltiples decisiones vitales. Pero no se trata de dogmas aunque produzcan sus efectos, (puesto que los dogmas no son cognitivos ni disponen de ninguna sostenibilidad razonable), sino que se trata de estructuras neuronales cuya inmediata significación ideal remite al previo enjuiciamiento y consideración efectuados por el individuo, de manera que la estratificación mental del valor, como actitud a tomar, le evita la reiteración de razonamiento ante los eventos futuros en los que su actuación exige la dependencia de los valores concretos asimilados.

Pero éste no es casi nunca el caso de los valores morales normativizados en las diferentes sociedades y poblaciones humanas, donde las normas, en muchas ocasiones ya con el rango de legales, confluyen con un modo imperativo de cumplimiento, bien sea por sus efectos legales coactivos, ora por las consecuencias del control social. Lo cual no excluye el lento movimiento evolutivo de las respectivas normas morales en su traslado hacia nuevos modelos de entendimiento social que definen en cada caso las respectivas pautas culturales. Sirva como ejemplo paradigmático de ello la conversión "política" al Cristianismo del emperador Constantino, fraguado moralmente durante años en unas creencias de amor y fraternidad divulgadas mediáticamente por la extraordinaria figura de San Pablo. Aunque después, al igual que en Lévinas, rápidamente el etéreo acto ético y moral, por ser en alguna forma *contra natura*, vuelva a su egoísmo y materialidad.

La cuestión pasa, pues, por el entendimiento que la materialidad no define la realidad en toda su dimensión, sin la existencia de los otros. Pero, en la intimidad del individuo, en algunos, no en todos naturalmente, su sentido de la vida absuelve la materia para centrarse en el ser, y en tal caso precisamente en el ser de los otros, muy especialmente a la vista de las injusticias, de la pobreza y de la maldad en que están sometidas muchas poblaciones, por no decir una tercera parte de la humanidad, al límite de morir de hambre mientras existe la opulencia en otras poblaciones. Esto se evidencia sin lugar a dudas con los movimientos migratorios en muchos casos mortales, y con la vergüenza de las actuaciones económicas y físicas de algunas sociedades para deshacerse espuriamente de los inmigrantes. Este es un tema muy tratado por el filósofo Gabriel Bello[215].

Pero, aun aceptando que el impulso ético surge de la individualidad, debemos reconocer que ello es en forma muy rara, porque se renuncia a todos los privilegios materiales obtenidos acorde con la evolución, e incluso, se renuncia al propio *yo* en el acto ético. Y ahí es donde Lévinas nos da una pista, puesto que para dicho autor la *significancia* del acto ético se obtiene físicamente en el *cara a cara* con la mirada del *rostro* del otro, donde se observa en sus ojos el mensaje *No matarás*, procedente de una *exterioridad* que denomina *Illeidad* situada a distancia infinita, fuera del *espacio/tiempo* en que nos encontramos. Según Lévinas en esa relación ética se entrega voluntariamente[216] el *yo* al otro, de ahí su neologismo *sustitución,* al margen que el acto ético puede ir acompañado de la entrega o no de cosas físicas. Pero en lo esencial se entrega la vitali-

[215] BELLO, Gabriel, *Emigración y Ética, Humanizar y deshumanizar,* ed. Plaza Valdés, Madrid 2011.

[216] LÉVINAS, Emmanuel, "Dependencia, en consecuencia que, *a la* vez, mantiene la independencia. Tal es la relación de cara-a-cara". Totalidad *e Infinito,* ed. Sígueme, Salamanca 1987, p. 111, traducción de Daniel E, Guillot.

dad, el *conatus essendi*, la *anima* latina, el *yo*. Luego la ética como segunda y máxima libertad obtenida en consideración a los otros está fuera de toda subyugación material, *dispone de la singularidad de ser una libertad sin poder y por tanto no sujeta el sistema de dependencia material*, aunque esto sólo sea por un instante evanescente, de ahí el alivio y la sensación de paz recibida en el acto ético.

7. Los fundamentos físicos de la ética en el *cara-a-cara* de Lévinas

Debemos retroceder un poco al tratar sobre la naturaleza de la fuerza cuando tuvimos que aceptar su total desconocimiento, porque resulta imposible conocer en el estado actual de las ciencias lo ocurrido 10^{-43} segundos después de la supuesta Gran Explosión. Sin embargo, lo que si conocemos es que tal expansión debido a la reducida asimetría posibilitó la creación de nuestro universo, de las galaxias, los hornos solares, los átomos, los planetas, el secreto de la vida gracias al carbono, la filogénesis del *yo* como orden frente a la entropía y, finalmente, nuestra existencia racional o inteligente.

En todos estos grados de evolución universal, hubo un protagonista único, con independencia de los mundos que la sucesiva evolución universal nos ha ido creando, en especial el maravilloso planeta azul Tierra donde habitamos. Dicho protagonista único ha sido la fuerza, esto es lo que en nuestra forma dimensional denominamos energía. ¿Qué es la fuerza? No nos referimos ahora a sus cuatro variables hoy conocidas (electromagnetismo, gravedad y nucleares fuerte y débil), sino su analítica, su causa o procedencia, su composición, o lo que en filosofía significaba antiguamente la esencia o la substancia. Por ello debemos volver al inicio de la pregunta, por más que sepamos que su definición es imposible. Por tanto estamos en presencia de una fuente desconocida, cuya dirección, una vez desvelada la aportación del *espacio/tiempo,* ha fluido siempre como protagonista único en todos los cambios y giros universales anteriormente referidos. Luego, la fuerza es inevitable para cualquier interpretación ética, y, sobre todo la ofrecida por Emmanuel Lévinas a la que nos estamos refiriendo, porque sin acto no hay ética y sin fuerza no hay acto, de ahí que la ética se halle clasificada como filosofía práctica.

Debemos retroceder un poco más otra vez, recordemos que durante la filogénesis del *yo* fue la fuerza reconvertida en *animus essendi* la que decidió las respectivas etapas de evolución biológica merced a las mutaciones, acaparando mayor libertad e integrando mayores resortes para la defensa del *yo*. Simplemente queremos recordar ahora que el *yo* es la fuerza dirigida a su libertad, como alfa y omega de la filosofía. Pues bien, enlazando esto con la estructura ética en el *cara a cara* levinasiano debemos preguntarnos acto seguido qué es exactamente lo que en el *rostro* del otro puede observar el *sujeto elegido*.

Según Lévinas la respuesta es un mandato o significación procedente del más allá del *tiempo/espacio* fundado en el significativo *No matarás*. Luego, dejando en el horizonte fenomenológico la metáfora que la mirada es el espejo del alma, debemos reconocer que en la mirada del rostro del otro, lo que se refleja por su condición humana es su *yo*. Quiere decir su querer, su voluntad, su suplica, su ser. Y siguiendo la misma línea argumentativa mantenida a lo largo del presente ensayo, es evidente, a nuestro criterio, que el *yo* que se refleja en el *rostro* del otro como *huella* levinasiana no puede ser otra cosa que la *fuerza* original procedente de la Singularidad en un contexto dotado de inteligencia y perfecta conciencia de la situación. Es el arrostramiento de "*yoes*" y confrontación de la misma fuerza originaria,[217] la propia fuerza en la complejidad inteligente del ser humano, de ahí que no debe sorprender los reparos en causar violencia con la mirada del rostro del otro.

Este flujo y contraposición de fuerzas que se produce en la mirada deviene totalmente genuina por su procedencia, tanto ello es así que el mandato levinasiano no aparecerá en cualquier otra circunstancia. Por ello un robot de inteligencia artificial si bien podrá ofrecer los más sofisticados cálculos matemáticos y tomar las decisiones automáticas en todos los ámbitos que se le ofrezcan respecto a las más potentes programaciones, de ser acertada la postura levinasiana, nunca podrá verse en el *cara a cara*, en los ojos, de un robot el pósito de la traza de la energía procedente de la Singularidad que configura el *yo* del ser humano, como es en el caso de la *sensibilidad* descrita en el *cara*

[217] LÉVINAS, Emmanuel, "La curvatura del espacio [en el cara-a-cara] expresa la relación entre seres humanos. Que el otro se ubique más alto que Yo significaría un error puro y simple si el recibimiento que le hago consistiera en "percibir" una naturaleza. La sociología, la psicología, la fisiología, son así sordas a la exterioridad. El Hombre en tanto que Otro nos viene desde fuera, separado —o Santo— rostro". *Totalidad e Infinito,* ed. Sígueme, —salamanca 1987, p. 295, traducción de Daniel E. Guillot.

a cara[218] por Emmanuel Lévinas. Porque no dispone de dicha energía humana intransferible.

Lo cual ya se evidencia en la robótica inteligente, donde los científicos han debido acuñar el concepto de "valle inquietante" (*uncanny valley*)[219] para designar el desconocido freno existente en el reconocimiento de un robot inteligente como ser humano, lo que no es casualidad, sino la ausencia del *yo* como energía de la propia Singularidad. A lo que podemos añadir siguiendo a Hannah Arendt y Gabriel Bello, la necesitad previa de deshumanizar las víctimas antes de asesinarlas para evitar el *mandato de su mirada*.

Luego, en este sentido la *huella* de Emmanuel Lévinas reflejada en el *rostro* del otro es físicamente la *fuerza* universal en la línea que hemos mantenido hasta el enlace con el salto a la ética, quedando a la vista de ello patente que el mensaje percibido mediante el *No matarás,* no es más que el arrostramiento de la propia naturaleza, es decir, de la misma fuerza originaria del universo creadora del ser, que ante su propia confrontación expide el conocido mensaje levinasiano.

---

[218] LÉVINAS, Emmanuel, "En el *cara a cara*, el yo no tiene ni la posición privilegiada del sujeto, ni la posición de la cosa definida por su lugar en el sistema;", *Totalidad e Infinito,* ed. Sígueme, Salamanca 1987, pp. 297-298, traducción de Daniel E. Guillot.

[219] Cfr. DARLING, Kate (ingeniera robótica, especialista en ética robótica) en la entrevista del diario La Vanguardia de Barcelona (04-08-2023), tras preguntársele si el robot y el humano serán indistinguibles, responde casi, pues lo frena el "valle inquietante", que así se denomina en robótica lo que sientes cuando contemplas un rostro virtual. Parece humano, pero en algún momento captas alguna cosa sutil, casi imperceptible, que te inquieta y te perturba.

Ello hubiera parecido innecesario si la capacidad de la fuerza universal fuera imperante por necesidad, mas, esa fuerza de la que todos desconocemos su específica significación e imposibilidad definitoria, dejó inscrita su exigencia para erigir al ser racional precisamente en libertad, en la libertad de esta posibilidad ética, que según Lévinas proclama la existencia de un nuevo ser. Por esto el mandato ético levinasiano no dispone de coerción, ofreciendo al ser inteligente su propia libertad.

Creo que fue un filósofo quien escribió un libro sobre asesinos y psicópatas, a lo que ahora podríamos añadir toda una retahíla de narcisistas y amantes del poder en grado superlativo. Dejando ahora al margen si la estructura mental de tales individuos reside en un germen patológico o simplemente en la libre conciencia de sus propósitos, la realidad, en el sentido más amplio que podamos ofrecer, es que hoy el poder presenta el vestíbulo de una conflagración mundial, cuya explosión puede saltar en cualquier momento. Esta situación social del empeño egoísta hacia la mayor libertad exterior, no es más que la ciega continuación expansiva heredada de nuestra naturaleza egoísta que nos conducirá a la fatalidad.

Hay otro libro escrito por Norbert Bilbeny titulado *El Idiota moral,* (ed. Anagrama, 2006) que habla de los Idiotas banales del mal, y en este caso nada más apropiado para la calificación de los líderes que quizás lograrán la propia autodestrucción de la humanidad, cuya pena es que están atrasados en la comprensión inteligente de la propia vida, conducente para ellos a una libertad puramente material, como en la filogénesis del *yo* anteriormente descrita, mientras que ahora somos inteligentes, y nuestra inteligencia nos ha enseñado (la *enseñanza* levinasiana), la segunda libertad, la ética, el respeto, la consideración y la tolerancia de la alteridad, tan sutil que en su grado de ejecución nos vamos desprendiendo del sistema de dependencia material y ejercemos la espiritualidad, con la gran oportunidad de dirigirnos a la mejor convivencia y paz social. Todo esto no lo ven hoy en día los Idiotas, sumados en el ancestral egoísmo y esclavitud del poder, a quienes nos dirigimos en la esperanza que sus futuras generaciones vengan con mayores arrestos intelectuales en aras de obtener para todos la mejor libertad y convivencia.

Anexo I. "Cronología de E. Lévinas"

J. Alberto SUCASAS PEON, en *Revista Anthropos* n.º 176, Barcelona enero-febrero 1998 pp. 26-27

:

1906-1922. Nace en Kovno, actual Kaunas (Lituania) el 12-01-1906, su familia pertenece a la pequeña burguesía, su padre es propietario de una librería. A los seis años inicia el estudio del hebreo y la Biblia, aprendizaje que discurrirá paralelo a una escolarización convencional. A pesar de las restricciones académicas a las que se hallaba sometida la población judía en Rusia, logra ingresar en el Instituto de Jarkov (Ucrania) adonde la familia se traslada huyendo de la guerra. Lectura de los clásicos rusos y Shakespeare y, a través de la experiencia literaria, acercamiento temprano a la reflexión filosófica.

1923-1928. Estudios de filosofía en la Universidad de Estrasburgo. Entre sus maestros se encuentran Ch. Blondel,

M. Halbwachs, M. Pradines y H. Carteron. Conoce a Maurice Blanchot, con quien le unirá una duradera amistad. Una joven estudiante, Gabrielle Peiffer, le aconseja la lectura de Husserl. A través de las *Investigaciones Lógicas*, el joven estudiante penetra con entusiasmo en el universo fenomenológico.

1928-1929. Estancia de dos semestres en Friburgo donde asiste a los últimos seminarios del viejo Husserl (sobre 'psicología fenomenológica' y 'constitución de la intersubjetividad'). Con todo, a pesar de la relación personal que le vincula al matrimonio Husserl, el gran descubrimiento friburgués será Heidegger: tanto la asistencia a sus seminarios como la lectura de *Ser y tiempo* marcarán para siempre la meditación levinasiana. Asiste al coloquio de Davos entre Cassirer y Heidegger.

1930-1939. Publicación de su tesis doctoral *Teoría de la Intuición en la fenomenología de Husserl.* Adquiere la nacionalidad francesa. Se traslada a París donde contrae matrimonio, realiza su servicio militar. Asiste a los cursos en la Sorbona de L. Brunschvig y a las veladas filosóficas en casa de G. Marcel. Amistad con Jean Wahl. En 1935 publica el artículo 'De l'évasion', esbozo programático de la obra de madurez y primera expresión de la ruptura —sin duda motivada por el compromiso nazi de Heidegger y el ascenso antisemita— con su orientación juvenil (husserliano-heideggeriana). Se vincula a la administración de la Alianza Israelita Universal. Decisivo contacto, desde 1935, con el pensamiento de Franz Rosenzweig, cuya *Estrella de la redención* marcará intensamente la trayectoria filosófica levinasiana.

1940-1945. Movilizado en 1939, es hecho prisionero y permanecerá toda la guerra recluido en un campo de prisioneros. El uniforme francés lo protege de la violencia antisemita, mientras su mujer, refugiándose en diferentes lugares, evita ser capturada por las autoridades de ocupación. Su familia lituana no escapa al exterminio. Durante la cautividad Lévinas prosigue su formación (lecturas filosóficas —Hegel y los ilustrados— y literarias —ante todo Proust— y redacta parcialmente *De l'existence à l'existant.*

1946-1960. Publicación *De l'existence à l'existant* y *Le temps et l'autre* (ambos en 1947; el último libro recoge unas conferencias pronunciadas en el Colegio Filosófico, dirigido por su amigo J. Wahl). Dirección de la Escuela Normal Israelita Oriental. Estudios talmúdicos bajo la dirección del maestro Chouchani. Publica *En découvrant l'existence avec Husserl et Heidegger* (1949). Participa en los Coloquios anuales de los intelectuales judíos de lengua francesa, que se inician en 1957, impartiendo una lección talmúdica.

1961-1973. Publica *Totalité et Infini* (1961), la primera de sus obras maestras. Este trabajo le abre el camino de la docencia universitaria; hasta 1976 año de su jubilación, desarrolla su carrera académica en Poitiers, Nanterre (1967) y La Sorbona (1973). Primeros libros de temática judía: *Difficile liberté* y *Quatre lectures talmudiques* (1968). En 1972 se publica una recopilación de artículos filosóficos bajo el títulos de *Humanisme de l'autre homme.*

1974. Publicación de *Autrement qu'être ou au-delà de l'essence,* su segunda obra maestra. 1975. Publicación de *Sur Maurice Blanchot.* 1976. Publicación de *Noms Propres.*

1977. Publicación de *Du Sacré au saint*, segunda entrega de la serie de lecturas talmúdicas. 1982. Publicación de *De Dieu qui vient a l'idée* —probablemente el libro más importante de la última etapa—, Éthique *et Infini* —que recoge una entrevista radiofónica con Ph. Nemo— y *L'audelà du verset*, nueva recopilación de trabajos sobre el judaísmo contemporáneo y exégesis talmúdicas. 1984. Publicación de *Transcendance et inteligibilité* (conferencia seguida de un coloquio). 1986. Coloquio de Cerisy-la-Salle sobre el pensamiento de Lévinas, bajo el título de 'La ética como filosofía primera'. 1987. Publicación de *Hors sujet*, escritos filosóficos. 1988. Publicación de *A l'heure des nations*, recopilación de escritos de temática judía. 1991. Publicación de *Entre nous* —escritos filosóficos— y del *Cahier de l'Herme* que, al lado de un gran número de estudios consagrados a los diferentes aspectos de su pensamiento, contiene varios trabajos del propio Lévinas, entre ellos el importante curso universitario sobre *La muerte y el tiempo*, publicado independientemente al año siguiente. 1994. Publicación de *Les imprévus de l'histoire*, *Liberté et commandement* y *L'intrigue de l'infini*. 1995. Fallecimiento de Emmanuel Lévinas, el 25 de diciembre. 1996. Publicación de *Nouvelles lectures talmudiques*.

Bibliografía citada

ACÍN, Antonio y Eduardo, *Persiguiendo a Einstein,* ed. Batiscafo, Barcelona 2016.

ADRIÁN, Jesús, "Prólogo" en *Interpretaciones Fenomenológicas sobre Aristóteles,* de Heidegger, ed. Trotta, Madrid.

AGUSTIN de Hipona, *Confesiones,* ed. Planeta, Barcelona 2017.

ALCARÍN, Nolasc, *El cerebro del Rey,* ed. R.B.A., Barcelona 2001.

ALEMAÑ, Rafael Andrés, *En busca de la Teoría del Todo,* ed. Bonalletra, Barcelona 2016.

ANTICH, Xavier, *El Rostre de l'Altre,* ed. E. Climent, Valencia 1993.

ARISTÓTELES, *Acerca del Alma,* ed. Gredos, Madrid 1978.

ARISTÓTELES, *Física,* libro IV.

ARSUAGA, Juan Luis y MARTÍNEZ, Ignacio, *La especie Elegida (la larga marcha de la evolución de la humanidad),* ed. Círculo Lectores 1999.

AVILA, Roberto, *Causalidad y relevancia explicativa,* tesis doctoral, Salamanca 2016.

BAUDELAIRE, Charles, *Las Flores del Mal.*

BELLO, Gabriel, *La Construcción Ética del Otro,* ed. Nobel, Oviedo 1997.

BELLO, Gabriel, *Un libro de Huellas,* VV. AA., ed. Trotta, Madrid 2004.

BELLO, Gabriel, "Jacques Derrida, metaética deconstructiva y ética de la hospitalidad" en *aproximaciones a la Filosofía Francesa del siglo* XX*,* ed. Laertes, Barcelona 2009.

BELLO, Gabriel, *Emigración y Ética, Humanizar y deshumanizar,* ed. Plaza Valdés, Madrid 2011.

BERGSON, Henri, *La Evolución Creadora,* ed. Plaza, Barcelona 2010

BERGSON, Henri *Historia de la Idea de Tiempo,* ed. Paidós, Barcelona 2018.

BILBENY, Norbert, *Per una* ètica *intercultural,* ed. Mediterrànea, Barcelona 2002.

BILBENY, Norbert, *La Identidad Cosmopolita,* ed. Kairós, Barcelona 2007.

BILBENY, Norbert, *La Enfermedad del Olvido —El mal de Alzhéimer y la persona—* ed. Galaxia Gutenberg, Barcelona 2022.

BILBENY, Norbert, Ética Intercultural, Plaza y Valdés, 2012 Madrid.

BOUNOMANO, Dean, *Your Brain is a Time Machine*, ed. W.W. Norton, New York, 2017.

BOWDERN, Julián, *Algunas repercusiones cuánticas*, ed. por el autor 2017 con impresión de Amazon.

BRIONES, Carlos, *Orígenes*, VV. AA., ed. Crítica, Barcelona 2020.

BURGGRAEVE, Roger, *Une Bibliographie primarie et secondarie* (Lévinas 1929/1989), ed. Leuven 1990.

CAMPS, Victoria, *El Gobierno de las Emociones*, ed. Herder, Barcelona 2011.

CANALES, Jimena, "*Los tiempos de Einstein, Bergson y Heidegger*", Revista Occidente, n.º 353, Madrid 2010.

CARBONELL, Eudald, *El futur de la Humanitgt (decàleg per a la supervivencia de la nostra espècie)*, ed. Ara Llibres, Barcelona 2022.

CARNAP, Rudolf, *Fundamentación Lógica de la Física*, ed. Orbis, Barcelona 1985.

CASALS SANS, Antoni, *Violencia y Ética Emocional, el giro intersubjetivo de la ética en Emmanuel Lévinas y Gabriel Bello*, ed. Nobel-Newton, Oviedo 2015.

CATALÀ AMIGÓ, Joan Anton, *Història de la Vida*, ed. Angle, Barcelona 2021.

CAZENEUVE, Jean, *La Raison D'Être*, ed. Albin Michel, Paris 1981.

COPI, Irving M. *Tratado de Lógica*, ed. Universitaria, Buenos Aires 1972.

COPLESTON, Frederick, *Historia de la Filosofía,* ed. Ariel, Barcelona 1980.

CRUZ, Manuel, ¿A quién pertenece lo ocurrido? Ed. Taurus, Madrid 1995.

DAMASIO, Antonio, *El extraño orden de las cosas*, ed. Planeta, Barcelona 2018, traducción de Joandomènec Ros.

DARLING, Kate (ingeniera robótica, especialista en ética robótica) entrevista del diario La Vanguardia de Barcelona 04-08-2023.

DARWIN, Charles *El Origen de las Especies*, ed. SARPE, Madrid 1983.

DAVIDE, Carlo, *Hacia las Estrellas*, ed. Bonalletra, Barcelona 2016.

DE BAUW, Christine, *L'Envers du Sujet*, ed. Ousia, Bruselas 1997.

DE SAUSSURE, Ferdinand, *Curso de Lingüística General* (1916), ed. Akal, Madrid 1991, traducción de Mauro Armiño.

DE WALL, Frans, *Primates y Filósofos (la evolución de la moral del simio al hombre),* ed. Paidós, Barcelona 2007.

DENNETT, Daniel, *De las Bacterias a Bach,* ed. Pasadopresente, Barcelona 2020, traducción de Marc Figueras.

DERRIDA Jacques, *L'Ecriture et la Différence,* Ed. du Seuil, 1967. Traducción al castellano de Patricio Peñalver, ed. Anthropos, Barcelona 1989.

EINSTEIN, Albert, *Sobre la teoría de la relatividad especial y general,* ed. Alianza, Madrid 2021.

FABRETTI, Carlo, *Las Matemáticas de la Naturaleza,* ed. Bonalletra, Barcelona 2016.

FERNÁNDEZ-SOTO, Alberto, *Orígenes,* VV. AA., ed. Crítica, Barcelona 2020.

FERNÁNDEZ-SOTO, Alberto, *Tras el* Big Bang, ed. Batiscafo, 2016.

GABRIEL, Marcus, *Por qué el Mundo No Existe,* ed. Pasado/ Presente, 2018 Barcelona, traducción de Juanmari Madariaga.

GABRIEL, Marcus, *Yo no soy mi Cerebro,* ed. Pasado/ Presente, Barcelona 2016, traducción de Juanmari Madariaga.

GABRIEL, Marcus, *Sentido y Existencia,* ed. Herder, Barcelona 2017.

GAOS, José, *Introducción al Ser y el Tiempo de Martín Heidegger,* ed. Fondo de Cultura Económica, Madrid 1971.

GEE, Henry, *Historia de la Vida en la Tierra,* ed. Urano, Madrid 2022, traducción de Daniel Rovassio.

GÓMEZ ROMERO, Pedro, *Nanomundo,* ed. Batiscafo 2016.

GÜELL, Isabel, *El Cerebro al Descubierto,* ed. Kairós, Barcelona 2006.

Hawking, Stephen, *El Universo en una Cáscara de Nuez,* ed. Planeta, Barcelona 2002.

Hawking, Stephen, *Historia del Tiempo,* ed. Crítica, Barcelona 1988.

HEGEL, G.W.F. *Filosofía del Derecho,* ed. Claridad, Buenos Aires 1968.

HEIDEGGER, Martín, *El concepto de Tiempo,* ed. Herder, Barcelona 2008, traducción de Jesús Adrián, y en ed. Trotta, Madrid, 2011, traducción de Raúl Gabas.

HEIDEGGER, Martín, *Prolegómenos para una historia del concepto de Tiempo*, Alianza editorial, Madrid 2006, traducción de Jaime Aspiunza.

HEIDEGGER, Martín, *Interpretaciones Fenomenológicas sobre Aristóteles*, ed. Trotta, Madrid, traducción de Jesús Adrián.

HEIDEGGER, Martín, *El Ser y el Tiempo*, ed. Fondo de Cultura Económica, México 1951, traducción de José Gaos, y en Editorial Universitaria, Santiago de Chile 1997, traducción de Eduardo Rivera.

HEIDEGGER, Martín, *Conceptos Fundamentales, curso del semestre de verano Friburgo 1941*, ed. Alianza, Madrid 1999, traducción de Manuel E. Vázquez.

HESSEN, Johannes, *Tratado de Filosofía*, ed. Sudamericana, Buenos Aires, 1962.

HESSEN, Johannes, *Teoría del Conocimiento*, ed. Espasa-Calpe, Madrid 1976.

HUME, David, *Tratado de la Naturaleza Humana*, ed. Orbis, Barcelona 1984.

HUSSERL, Edmund, *Ideas*, ed. Fondo Cultura, México D.F. 1949, traducción de José Gaos.

JAHAN BE GLOO, Ramin, *Conversaciones con Isaiah Berlín*, ed. Artmarcadia, Barcelona 2009.

JUNG, Carl Gustav, *La realidad del Alma*, ed. Losada, Buenos Aires 2003, traducción de Fernando Vela y Felipe Jiménez.

KANT, Immanuel, *Crítica de la Razón Pura*, ed. Alfaguara, Bogotá 2005.

KRAUSS, M. Laurence, *Un Universo de la Nada*, ed. Pasado-presente, Barcelona.

KALDENTENEGGER, Lisa, Directora Instituto Carl Sagan, *interviú,* periódico La Vanguardia, Barcelona 13-09-2023.

LATORRE, José Ignacio, *La Nada o el Vacío Cuántico,* ed. Batiscafo, Barcelona 2016.

LÉVINAS, Emmanuel, "¿Es Fundamental la Ontología?" recopilado *Entre Nosotros,* traducción de José Luis Pardo, Pretextos, Valencia 1993, y *Entre Nous,* ed. Grasset 1991, texto publicado inicialmente en Revue de Métaphisique et de Morale, número 1, 1951.

LÉVINAS, Emmanuel, *Totalidad e Infinito,* ed. Sígueme, Salamanca 1987, traducción de F. Guillot.

LÉVINAS, Emmanuel, *De Otro Modo que Ser,* ed. Sígueme, Salamanca 1987, traducción Antonio Pintor-Ramos.

LÉVINAS, Emmanuel, *El Tiempo y el Otro,* ed. Paidós, Barcelona 1993, traducción de Félix Duque.

LÉVINAS, Emmanuel, *De Dios que viene a la Idea,* ed. Caparrós, Madrid 1995, traducción de Graciano González R-Arnaiz y Jesús María Ayuso Diez.

LÉVINAS, Emmanuel, *Fuera del Sujeto,* ed. Caparrós, Madrid 1997, traducción de Roberto Ranz y Cristina Jarillot

LÉVINAS, Emmanuel, "La Ética" en *El Sujeto Europeo,* ed. Pablo Iglesias, Madrid 1990.

LÉVINAS, Emmanuel, *Ética e Infinito,* ed. Visor, Madrid 1991.

LÉVINAS, Emmanuel, *Théorie de l'Intuition dans la Fhénoménologie de Husserl,* ed. Vrin, Paris 1989.

LÉVINAS, Emanuel, *De la Existencia al Existente,* ed. Arena, Madrid 2000, y *De l'Existence a l'Existant,* ed. Vrin, París 1986.

LOZANO, Manuel, *De Arquímedes a Einstein,* ed. Debate, Barcelona 2005.

MACINTYRE, Alasdair, *Tras la Virtud*, ed. Crítica, Barcelona 2013, traducción Amelia Valcárcel.

MANS, José M.ª, *Los Principios del Derecho Romano*, ed. Bosch, Barcelona 1979.

MARINA, José Antonio, "La memoria creadora", VV. AA. en *Claves de la Memoria,* ed. Trotta, Madrid 1997.

MARTINEZ, Álvaro, ¿Por qué Somos como Somos? VV. AA., ed. Batiscafo, Valencia 2016.

MARTINEZ, A. y CORTES, J., *Diccionario de Filosofía CD,* Herder, Barcelona 1992.

MEILLASSOUX, Quentin, *Después de la Finitud, Ensayo sobre la necesidad de la contingencia,* Caja Negra ed., Buenos Aires 2018.

MIGUEL, Hernán, 2019 "*Teorías contemporáneas de la causación*", en *Diccionario interdisciplinar Austral,* editado por Claudia E. Vanney, Ignacio Silva y Juan F. Franck, URL = http://dia.austral.edu.ar/Teorías_contemporáneas_de_la_causación

MORA, Francisco, *"¿Es nuestro cerebro diseñado para la felicidad?", http://neurocienciaparapsicologos.com/tag/francisco-mora/*

MONTORO, Amadeo, *Los Átomos,* ed. Salvat, Barcelona 1973.

NIETZSCHE, Friedrich, *Ecce Homo,* ed. Tomo, México DF 2018, traducción de Luis Rutiaga.

OROZCO, Edward, "Heidegger y Einstein: relación en torno al tiempo", ed. Revista Colombiana de Filosofía de la Ciencia, n.º 35, 2017.

Ortega y Gaset, José, "*Meditaciones del Quijote*" 1914.

Parra Bernal, F. J., *El Hay en Emmanuel Lévinas*, ed. Académica Española 2013.

Pereira, Jordi, *Las 4 Fuerzas que rigen el Universo,* ed. Planeta, Barcelona 2017.

Punset, Eduard, *L'Anima* és *al Cervell,* ed. Columna, Barcelona 2007.

Rodriguez-Tarduchi, Gemma, VV. AA., ¿Por qué Somos como Somos?, ed. Batiscafo, Valencia 2016.

Rorty, Richard, *Filosofía y el Espejo de la Naturaleza,* ed. Cátedra, Madrid 1995.

Rovelli, Caros, *Siete breves lecciones de Física,* ed. Anagrama, Barcelona 2016.

Rovelli, Carlo, *El Orden del Tiempo*, ed. Anagrama, Barcelona 2018, traducción de Francisco J. Ramos.

Rujano, Leonardo, "Del concepto de Tiempo de Aristóteles al concepto de Tiempo en la Filosofía y la Física actual", ed. Universidad de los Andes, 28-07-2015, Academia.edu.

Sacristan, Manuel, *Papeles de Filosofía,* ed. Icaria, Barcelona 1984.

Sagan, Carl, *Miles de Millones,* ed. B.S.A., Barcelona 1998.

Safranski, Rüdiger, *Tiempo,* ed. Tusquets, Barcelona 2017.

Seht, Anil, *La Creación del Yo,* ed. Sexto Piso, México 2023.

Spinoza, Baruck, Ética, ed. Orbis, 1980, traducción de Vidal Peña.

SWAAB, Dyck, *Somos nuestro Cerebro,* ed. Plataforma, Barcelona 2016.

TODOROV, Tzvetan, *La Vida en Común,* ed. Santillana, Madrid 1995.

TUCÍDIDES, *Historia de la guerra del Peloponeso,* ed. Crítica, Barcelona 2013.

VALPUESTA, José M.ª, *A la búsqueda del secreto de la Vida,* ed. Hélice, Madrid 2008.

WHITE, Tim, "*Interviú*" periódico *La Vanguardia,* 18-05-2023.

WINBERG, Steven, *Los tres primeros minutos del Universo,* ed. Alianza, Madrid 1982.

WITTGENSTEIN, Ludwig, *Los Cuadernos Azul y Marrón,* ed. Tecnos, Madrid 1998.

YOUNG, J. Z. *Filosofía y Cerebro,* ed. Vallcorba, Barcelona 1992.

ZUBIRI, Xavier, *Tres dimensiones del Ser Humano,* ed. Alianza, Madrid 2006.